Wilhelm Ahlward.

Kurzes Verzeichniss der Landberg'schen Sammlung arabischer Handschriften

Wilhelm Ahlwardt

Kurzes Verzeichniss der Landberg'schen Sammlung arabischer Handschriften

ISBN/EAN: 9783743331327

Hergestellt in Europa, USA, Kanada, Australien, Japan

Cover: Foto ©ninafisch / pixelio.de

Manufactured and distributed by brebook publishing software
(www.brebook.com)

Wilhelm Ahlwardt

Kurzes Verzeichniss der Landberg'schen Sammlung arabischer Handschriften

Kurzes Verzeichniss

der

Landberg'schen Sammlung

arabischer Handschriften

von

W. Ahlwardt.

Berlin 1885.

A. W. Schade's Buchdruckerei (L. Schade)

Stallschreiberstrasse 45/46.

Ende Juni 1884 kamen von der Brill'schen Buchhandlung in Leiden die ersten Nachrichten und Anträge an Professor Ed. Sachau in Berlin und durch diesen an Geh. Rath. Althoff (vortr. Rath im Cultus-Ministerium) über eine Sammlung arabischer Handschriften, die auf Reisen in Syrien und Aegypten der schwedische Orientalist Dr. Carlo Landberg für sie erworben habe, eine im Winter 1883/4 aufgefundene, durch anderweitige Einkäufe allerdings vermehrte Privatbibliothek. Forderung 93500 ℳ.

Am 27. September traf diese Sammlung, bestehend aus 1052 Handschriften, in 6 Kisten verpackt, auf der Königl. Bibliothek in Berlin ein und wurde dort am 29. Sept. bis 1. Oct. von mir mit Prof. Ahlwardt aus Greifswald in Empfang genommen und aufgestellt. Der Verkäufer erhielt am 3. October, nach Unterzeichnung des Vertrages, den aus dem Königl. Dispositionsfonds bewilligten Preis gezahlt — 70000 ℳ.

Diese glänzende Gabe des Königs an die Königliche Bibliothek, eine würdige Feier des Jubeljahres (1784) ihrer Bauvollendung und Eröffnung, war ein Ereigniss, das an das grosse Jahrzehnt (1852—1862) der Schöpfung unseres Reichthums an arabischen Handschriften erinnerte, an die damit für immer verknüpften Namen Wetzstein, Petermann, Sprenger. Das Aufsehen, das es erregte, und die Nachfrage, die es unter den Arabisten, zumal Deutschlands, sofort veranlasste, waren begreiflich. Im Deutschen Reichs-Anzeiger vom 9. October 1884 (no. 238) wurde, im Auszuge mit Ahlwardt's Worten, die neue Vermehrung der Königl. Bibliothek der Welt verkündet.

Abgesehen von der an sich schon der grossen Zahl wegen deutlichen Wichtigkeit der Gelegenheit und ihrer näheren Erläuterung durch einen unvollständigen Katalog Landberg's (über 363 Handschriften), ist der eigentliche Gewährsmann für den Kauf W. Ahlwardt gewesen, der vertraute Kenner und langjährige Bearbeiter unseres Bestandes an arabischen Handschriften. Im Auftrage des Ministers von Gossler zur Besichtigung nach Leiden entsant, hat er in der kurzen Zeit von sechszehn ausgenutzten Arbeitstagen (21. Juli bis 5. August), natürlich ohne litterarische Hülfsmittel, eine Beschreibung der sämmtlichen Handschriften angefertigt. Auf dieser Grundlage erstattete er am 31. August einen längeren Bericht an den Minister, und aus dieser Quelle ist sofort von ihm selbst zum Gebrauche unserer Bibliothek das kurze Verzeichniss ausgezogen, das ich mit seiner (bei der Schnelligkeit der Herstellung verständlicher Weise zögernden) Erlaubniss (vom 3. Nov.) hiermit, als eine vorläufige Grundlage, der allgemeinen Benutzung und weiterer Nachfrage übergebe.

Der Druck, am 4. Nov. eingeleitet, ist im Januar vollendet, die Correctur, unter gelegentlicher Vergleichung der Handschriften selbst, sonst aber grundsätzlich ohne wesentliche Änderung der einmal gegebenen Vorlage, von Dr. Karl Vollers (Assistenten an der Königl. Bibliothek) besorgt worden. Die meist offen gelassenen Titel der persischen und türkischen Handschriften sind von demselben nachgetragen worden. Zu bemerken ist noch, dass Theil II zu no. 826 (Ruba mit Commentar) vom Verkäufer nachgeliefert werden wird: die Abschrift war zur Zeit der Übergabe noch nicht vollendet. Von no. 815 (Meidani) befindet sich, nach einer brieflichen Mittheilung an Landberg, der dazu gehörige Theil I im Besitz Alfred's von Kremer in Wien.

Von der gleichzeitig mit der Landberg'schen (auf Befehl des Königs vom 13. Sept. 1884) für 8795,80 $\mathcal{M}$ erworbenen Sachau'schen Sammlung syrischer Handschriften (270) und Drucke (50) wird ein kurzes Verzeichniss später herausgegeben werden, wie es für die von mir im Sommer 1884 gekauften arabischen Handschriften des Professor Bernhard Maimon (56 Stück aus Bagdad — 26. Juni) und des »Forschungsreisenden« Eduard Glaser (23 Stück aus Südarabien — 15. Juli) durch Vollers bereits geschehen ist (Zeitschrift der Deutsch. Morgenl. Ges. Bd. 38. 1884. S. 567—580). Ausserdem erwähne ich gleich hier noch, ihrer Wichtigkeit wegen, eine aus Wien mir angebotene (mit sauberen Zeichnungen schön geschriebene, leider unvollständige) Handschrift der Mechanik (Ḥijal) der Banū Mūsā ibn Schākir vom J. 607 H. (= 1210), welche am 10. Sept. gekauft worden ist (jetzt cod. or. qu. 739).

Berlin, 29. Januar 1885.

Dr. Valentin Rose
Königl. Bibliothekar.

Seit der Zeit des Grossen Kurfürsten, welcher einst mitten in den Stürmen des nordischen Krieges — durch Erlass aus seinem Hauptquartier Viborg in Jütland am 20. April 1659 — die Neuordnung der Kurfürstlichen Hausbibliothek befahl und damit den Grund zu der jetzigen Königlichen Bibliothek hierselbst legte, hat das Erlauchte Herrscherhaus unablässig, auch in drangsalvoller Zeit, dieser seiner hochbedeutsamen Stiftung die umfassendste Fürsorge zu Theil werden lassen. Neben Friedrich dem Grossen war es namentlich Friedrich Wilhelm IV., der, bei seinem regen Interesse für Kunst und Wissenschaft, wie anderen Instituten, so auch besonders der Königlichen Bibliothek seine Huld zuwandte, und in ebenso grossartiger Weise hat Se. Majestät Kaiser Wilhelm dieser Schöpfung seiner Ahnen unausgesetzt die hochherzigste Förderung angedeihen lassen.

Dieser landesväterlichen Huld verdanken vor allem die Handschriften-Sammlungen der Königlichen Bibliothek ihre Entstehung und ihr Wachsthum. Zu den werthvollsten Schätzen derselben, mit denen sie, namentlich in den letzten drei Decennien, durch Königliche Freigebigkeit bereichert worden ist, gehören die umfangreichen und vorzüglichen Sammlungen orientalischer Handschriften; und wenn bei Forschungen auf dem Gebiete morgenländischer Sprachen Handschriften zu Rathe zu ziehen sind, so ist es, neben den Bibliotheken von Paris und London, die Königliche Bibliothek zu Berlin, deren Benutzung den Gelehrten aller Nationen unentbehrlich ist. Um so mehr freut es uns, melden zu können, dass die Königliche Bibliothek gerade nach dieser Richtung hin neuerdings wieder eine erhebliche Vervollständigung durch Allerhöchste Munificenz erhalten hat. Des Näheren ist darüber Folgendes zu berichten:

Vor einigen Monaten hatte die bekannte Firma Brill in Leiden, durch den in Syrien und Egypten reisenden schwedischen Orientalisten Dr. Landberg benachrichtigt, die Gelegenheit benutzt, eine bedeutende Sammlung arabischer Handschriften zu erstehen. Sie gab, durch Vermittelung eines angesehenen hiesigen Gelehrten der Königlichen preussischen Regierung Nachricht von der Sammlung und bot ihr dieselbe zum Kauf an. In Folge dessen erhielt Professor Ahlwardt in Greifswald, der als einer der gründlichsten Kenner der

arabischen Litteratur bekannt und zugleich auch mit den arabischen
Beständen der Königlichen Bibliothek genau vertraut ist, den Auftrag,
die Brill'sche Handschriften-Sammlung an Ort und Stelle einer ein-
gehenden Prüfung zu unterziehen. Ahlwardt's Bericht bezeichnete
die Sammlung als höchst wünschenswerthe Ergänzung und Vervollständigung des auf der Königlichen Bibliothek bereits vorhandenen
Bestandes arabischer Handschriften; und da sich auch andere hervor-
ragende Sachverständige in demselben Sinne äusserten, glaubte der
Cultus-Minister, unter dankenswerther Mitwirkung des Finanz-Ministers,
sich für den Ankauf aus Allerhöchstem Dispositionsfonds verwenden
zu sollen.

Se. Majestät haben die Gnade gehabt, der ihm vorgetragenen
Bitte zu entsprechen und damit der Königlichen Bibliothek eine
Bereicherung zuzuwenden, welche alle Freunde der Wissenschaft und
insbesondere die Gelehrten des Faches zu dem aufrichtigsten Danke
verpflichten wird.

Die angekaufte Sammlung enthält in 1052 Bänden etwa 1600 Werke
kleinen und grossen Umfanges. Sie zeichnet sich durch eine grosse
Anzahl alter und schön, zum Theil sehr schön geschriebener Handschriften aus, von denen manche sehr selten, einige sogar einzig in
ihrer Art sind. Als solche nennen wir das Kitab elfelahe, Buch der
Landwirthschaft, von dem berühmten Ibn wahshijje, das um etwa
450 der Higra (1058 nach Chr. Geb.), vielleicht noch früher, abgeschrieben ist. Von kufischen Koran-Fragmenten abgesehen, besitzt die
Königliche Bibliothek keine arabische Handschrift von so hohem Alter.
Ferner ist zu erwähnen ein Band von dem höchst seltenen ältesten
grammatischen Werke des Sibaweihi, dessen Abschrift aus der Zeit
vor dem Jahre 596 (= 1199 nach Chr. Geb.) stammt. Ausser dem
Werke des Elanbari, eines der ältesten arabischen Philologen, das
betitelt ist: Asrar el'arabijje, Geheimnisse der arabischen Sprache, sind
hier weiter noch vier Werke des überall als Autorität geltenden Gram-
matikers Ibn malik, gestorben 672 (= 1273 nach Chr. Geb.), anzuführen, nämlich El'omde, 'Oddet elhafidh, Sabk elmandum und Tashil
elfewaïd, welche von grösster Seltenheit sind und von denen das zweite
und dritte noch bei Lebzeiten des Verfassers, die beiden anderen etwa
60 Jahre nach seinem Tode abgeschrieben sind. Zu den Perlen der
Sammlung gehört ferner ein Band der Sprüchwörter-Sammlung des im
Jahre 518 (= 1124 nach Chr. Geb.) gestorbenen Elmeidani, in schöner
Schrift aus dem Jahre 631 (= 1233 nach Chr. Geb.); nicht minder
kostbar ist das geschichtliche Werk Matla 'ennirein, Aufzug des Doppel-
gewebes, welches ausführlich die Geschichte der beiden Khalifen
Omar ben elkhattab und Omar ben 'abd el'aziz behandelt und dessen
Verfasser der berühmte Historiker und Theologe Ibn elgauzi (gest.

597 = 1200) ist; die schöne Abschrift stammt etwa aus dem Jahre 750 (= 1349 nach Chr. Geb.). Statt weitere Einzelheiten anzuführen genügt es hier zu bemerken, dass die Sammlung alle Fächer der Gelehrsamkeit, mit denen sich die Araber überhaupt beschäftigt haben, umfasst; so ist das Leben und die Aussprüche Mohammeds, die Erklärung des Korans, die orthodoxe Theologie wie die Mystik, Jurisprudenz und Philosophie in vielen und bedeutenden Werken vertreten. Dass auch die Poesie nebst den darauf bezüglichen erklärenden Werken und die so vielfach gepflegte Unterhaltungs-Litteratur hier keineswegs unberücksichtigt gelassen sei, liess sich erwarten; sie weist in der That in dem Diwan (oder der Gedichtsammlung) des Ibn hagar eine grosse und in dem des alten Regez-Dichters Ruba eine grösste Seltenheit auf.

Endlich ist noch zu bemerken, dass die Sammlung verhältnissmässig sehr wenige Lücken enthält, dass der Text der meisten Bände als vollständig zu bezeichnen ist, dass die Ächtheit der einzelnen Werke sicher und dass eine Fälschung von Titel- oder Verfasser-Namen nicht vorgenommen worden ist. Die sich vorfindenden Doubletten der Sammlung sind zur Ergänzung oder Berichtigung von schon vorhandenen Texten willkommen und die ziemlich zahlreichen Sammelbände, meistens an sich interessant, haben hier durch die sehr grosse Anzahl der kleinen Schriften der hervorragenden Gelehrten Essojuthi und Ali elkari einen ganz besonderen Werth.

Die Handschriften steigen im Oriente von Jahr zu Jahr im Preise, gute Werke werden immer seltener und lassen sich kaum mehr auftreiben; es ist fraglich, ob je wieder eine so bedeutende und umfangreiche Sammlung wie die Brill'sche zum Verkauf gestellt werden kann.

So möge auch diese Sammlung, welche die Königliche Bibliothek der Munificenz Sr. Majestät des Kaisers verdankt, den hohen Absichten des Gebers entsprechend, zur Förderung der arabischen Wissenschaft beitragen, und den Orientalisten eine Quelle eifriger und erfolgreicher Forschung werden.

(Aus dem Reichs-Anzeiger vom 9. Oct. 1884.)

Eine ausführliche Würdigung der Landberg'schen Sammlung wird Prof. Ahlwardt der Deutschen Morgenländischen Gesellschaft für die Zeitschrift derselben übergeben.

Übersicht der Handschriften

nach

wissenschaftlichen Abtheilungen.

~~~~~~~~~

— XI —

1

68. 1) مختصر مدخل القيصراني
4°, S. 1—108, s. no. 67.   Abschr. c. 1000

2) ك" فيه احكام مجموعة من كتب للحكماء
S. 111—223, nebst ارجوزة auf die Wochentage.

3) العمل فيه مسائل لابي علي للخياط تلميذ
ماشاء الله بن مرزوق البصري
S. 224—309.

4) اللمعة في حلّ السبعة
لاحمد بن عبد الله الكوم الريشي
nebst Tabellen.   » c. 1250

69. البارع في احكام النجوم والطوالع
لعلي بن ابي الرجال (Hs. الرحال) الشيباني
4°, 612 Seiten.   » c. 1250

70. ك" القيصراني بمعرفة المسايل والمعاني
لابي يوسف يعقوب القرشي
4°, 522 Seiten.   » c. 1250

71. كتاب الكواكب
لعبد الرحمان بن عمر الصوق الشيرازي
4°, 93 Bl.   » 630

72. 1) دفع النصوص والنقوص
لبرهان الدين النسفي
kl.-8°, im Ganzen 132 Bl., no. 1 c. 10 Bl.   » c. 700

2) المختصر في الترجيحات وهو ايضا
رسالة التعارضات c. 8 Bl.

3) منشا النظر لبرهان الدين النسفي
4 Bl.

4) ك" القوادح الجدلية
16 Bl.

5) ك" التراجيح للنسفي
nebst einigen anderen philos. Abhdl.

73. اجازة صوفية
لعبد الرحمن بن مصطفى العيدروسي
4°, 6 Bl.

74. ك" المنتخب من مسند عبد بن حميد
4⁰, c. 150 Bl.   ? Abschr.   465

75. مجموع اجازات وثبوت
8⁰, c. 100 Bl.   » c. 800/900

76. فرائد القلائد فى مختصر شرح الشواهد
لبدر الدين محمود بن احمد بن محمد العينى الحنفى
8⁰.   »   1096

77. ك" صدر الشريعة
لعبيد الله بن مسعود بن تاج الشريعة سعد
fol., c. 210 Bl.   »   961

78. Sammelband, c.13 Abhdl., Glossen bes. zur الاستعارات "ر
8⁰, c. 200 Bl.   »   c. 1150

79. 1) Reise-Beschreibung u. litterarischer Verkehr
a. d. J. 1073.   4⁰, S. 1—503.   »   c. 1075

    2) اتحاف الاخلّاء باجازات المشايخ الاجلّاء
S. 504—550.

80. ك" فى معرفة رجال الكتب الستة الصحيحين
والسنن الاربعة،
تاليف محمد الذهبي
4⁰, 153 Bl.   Magreb. »   1266

81. شرح على القسم الثالث من ك" مفتاح العلوم •
للشريف الجرجانى
fol., c. 200 Bl.   »   900

82. متن القسم الثالث من ك" مفتاح العلوم
8⁰, c. 100 Bl.   »   c. 1150

83. ك" القاموس للفيروزآبادي
4⁰, c. 600 Bl.   »   956

84. ديوان عمر ابن الفارض
4⁰, c. 100 Bl.   »   969

85. التسهيل لعلوم التنزيل
لابي القسم بن احمد بن محمد بن جزي الكلبي
fol., c. 300 Bl.   Magreb. »   c. 1259

86.- عمدة الفاضل فى اختصار الكامل

8⁰, c. 120 Bl. (Anf. fehlt, c. 100 Bl.)   Abschr. c. 850

87. القصيدة الشاطبية

quer-8⁰, c. 90 Bl.   »   744

88. حلية الابرار وشعائر الاخبار الخ

للنووي

8⁰, c. 300 Bl.   »   839

89. Glosse, wie es scheint, zu Qoränstellen, von

محمد بن رضوان بن حماد بن مبارك القصاب

kl.-8⁰, c. 200 Bl. (Anfang fehlt, 60 Bl.)   »   1197

90. دقايف الاخبار لابي الليث السمرقندي

8⁰, 50 Bl.   »   866

91. الامالي الشيخونية

لمنشيها محمد مرتضى للحسنى

4⁰, 7 Bl.   »   c. 1190

92. تسهيل الهداية وتحصيل الكفاية

لابن النقيب

fol., c. 280 Bl.   »   866

93. المسايرة فى العقايد المنجية فى الآخرة

لكمال الدين بن الهمام الحنفى

8⁰, c. 40 Bl.   »   982

94. النزهة الاميرية فى شرح المقامات الحريرية

kl. 4⁰, c. 200 Bl.   Magreb. »   c. 1100

95. 1) شرح على شرح ايساغوجى لزكرياء الانصاري

لاحمد بن على المعري

4⁰, c. 170 Bl.   »   1151

2) شرح على ايساغوجي للابهري

لزكرياء بن محمد الانصاري

4⁰, c. 25 Bl.   »   1184

3) حاشية على شرح ايساغوجي لزكرياء الانصاري

ليوسف للحفناوي

4⁰, c. 40 Bl.   »   1220

4) ايضاح المبهم على متن السلم

لاحمد الدمنهوري

4⁰, c. 25 Bl.   »   1183

95. 5) شرح السلّم
لعبد الله الدملياجي الشهير بسويدان الشافعي
4°, c. 20 Bl.   Abschr. 1200

6) شرح السلّم
للمُلَويّ
4°, c. 70 Bl.   »   1162

7) شرح السلّم
لسعيد الشهير بقدّوره
4°, c. 70 Bl.   »   c. 1180

8) القول المكرم بشرح معاني السلّم
لعبد الوهاب بن قنديل
4°, c. 26 Bl.   »   c. 1180

9) متن السلّم للاخضري
8°, 9 Bl.   »   c. 1180

10) رسالة في السلم ونظم آداب
البحث لطاشكبري‌زاده
3 Bl.

96. 1) شرح مشكلات شذور الذهب
لعلى بن موسى بن علي بن رافع (ارفع) راس الاندلسي
8°, c. 120 Bl.   »   728

2) رسالة في منافع الحجر وخواصّه

97. 1) دلايل الخيرات   للجزولي
kl.-4°, c. 65 Bl.   »   c. 1030

2) الجوهر المنظم في زيارة القبر المكرم لابن حجر الهيتمي،
kl.-4°, c. 75 Bl.   »   1034

98. نظام الغريب
املاء الشيخ عيسى بن ابراهيم بن محمد الرَبَعي
8°, c. 70 Bl.   »   1177

99. النعم السوابغ في شرح النوابغ
8°, c. 60 Bl.   »   1159

100. شرح الكلم النوابغ
لبايزيد بن عبد الغفار القونوي
8°, c. 50 Bl.   »   c. 1150

101. منح الغفار بشرح تنوير الابصار
لمحمد بن عبد الله
fol., 411 Bl. I.   »   c. 1150

102. أرجوزة لابن السبكي فى رد النووي
Anfang: الآفك ....قال الفقير المذنب ابن السبكي
8⁰, c. 50 Bl.   Abschr.   772

103. ك" اللمعة النورانية فى الكشوفات الربانية
لاحمد بن محمد البوني المغربي
4⁰, c. 130 Bl.   »   c. 900

Voraufgeht auf c. 8 Bl.: ر" فى اسماء الله الحسنى
in 10 نمط getheilt.

104. شرح جمع الجوامع فى الاصول
Nach der Unterschrift genauer:
تشنيف المسامع فى شرح جمع الجوامع لبدر الدين الزركشى
8⁰, c. 260 Bl. II. Thl. (Schluss).   »   852

105. 1) المختار من نوادر الاخبار
In 11 فصل. kl.-8⁰, c. 75 Bl.   Magreb. »   1198

2) شرح ارجوزة
In 5 فصل. kl.-8⁰, c. 75 Bl.

Das Gedicht (c. 75 Verse) beginnt:
لما اراد الله بالدين جلا .... جلا

106. عمدة اهل التوفيق والتسديد فى شرح عقيدة اهل
التوحيد لمحمد بن يوسف بن عمر السنوسي
4⁰, c. 180 Bl.   »   1208

107. ر" فى شرايط الشيخ والتلميذ وفى التصوف واركانه
لعبد المعطي بن سالم بن عمر السملاوي الشبلى
4⁰, 6 Seiten.   »   c. 1200

108. Stück eines astronomisch-philosophischen Werkes, von
محمد بن رحيق بن عبد الكريم
8⁰, c. 88 Bl.   »   c. 800

109. من انتخاب ابي طاهر احمد بن محمد بن احمد السلفي
الاصبهانى من ك" الارشاد
لابي يعلى الخليل بن عبد الله الخليلى
8⁰, c. 12 Bl. جزء 6   »   c. 640

122. الغنية لطالبي طريق الحق
لعبد القادر الكيلانى
fol., c. 220 Bl.   Abschr. 850

123. ك" الذهب الابريز فى رحلة بعلبك والبقاع العزيز
لعبد الغنى النابلسى
8⁰, c. 36 Bl.   » 1246

124. حقايق اسرار الطب
لمسعود بن محمد السجزيّ
8⁰, c. 90 Bl.   » 734

125. ر" فى علم الفراسة
Scheint in 7 مقالة getheilt. Beendigt mit 24
قضايا فى البثور des Hippocrates.
8⁰, c. 50 Bl.   » 930

126. Kleines juristisches Werk, wie es scheint, über
Differenzpunkte zwischen Abū ḥanīfe und Esšāfi'ī.
8⁰, c. 22 Bl.   » c. 900

127. ر" فى صوم القلب وافتاره لابي ياسر عمار بن محمد البد ليسى
8⁰, c. 20 Bl.   » 603

128. تحفة ارباب الكمال، فى الادب
لسعد بن تاجي الدمشقى
8⁰, c. 40 Bl.   » c. 1200

129. فى فصل بهجة النفوس وتخليها لابن ابي حمزة الازدي
8⁰, c. 40 Bl., s. no. 20.   » c. 1150

130. 1) مختصر من ك" المثال فى الجواب والسؤال لابي
القاسم عيسى بن عبد اعزيز بن عيسى اللخمى،
لمحمد الفاسى النحوى المقري
8⁰, im Ganzen c. 120 Bl., no. 1 hat 7 Bl.   » 760

2) Fragen u. Notizen anderen Inhaltes, nebst Ant-
wort (vielleicht doch zu no. 1 gehörig). c. 50 Bl.

3) بيان الاحكام المتعلقة بالملائكة والمرسلين
وسائر المسلمين
In 10 فصل. c. 30 Bl.

4) الامالي لعز الدين بن عبد السلام
c. 20 Bl.

131. ر" فى اسماء الرسوم المرسومة على الآلة المسماة بالاسطرلاب الشمالى
nebst 7 astronomischen Abhandlungen.
8º, c. 110 Bl.   Abschr. 1136

132. اصلاح المجسطي لابي محمد جابر بن افلح
4º, c. 125 Bl.   »   626

133. نزهة القلوب فى تفسير غريب القران لمحمد بن عزيز السجستانى
8º, 65 Bl.   »   c. 1130

134. شرح الطبيعيات، شرح الاشارات اي محاكمات قطب الدين الرازي
gr.-4º, c. 220 Bl.   »   791

135. ديوان ابن حاج التونسى الشانلي الوفائى ابي المواهب
8º, c. 100 Bl.   »   c. 900

136. 1) جمع الاسرار فى منع الاشرار من الطعن فى حق الصوفية اهل التوحيد بالاذكار، لعبد الغنى النابلسى
8º, im Ganzen c. 120 Bl.   Magreb. »   c. 1200

2) ك" الاربعين للنووي

3) شرح الخريدة البهية فى العقايد التوحيدية لابي احمد الدردير
          »   1127

137. المغنى عن الحفظ والكتاب لعمر بن بدر الموصلي القدسي
8º, c. 20 Bl.   »   719

138. الجمان فى مختصر اخبار الزمان لمحمد الشطيبى
fol., c. 160 Bl.   »   c. 1100

139. الدر النظيم فى فضايل القران العظيم لمحمد بن اسعد اليافعى اليمنى
kl.-fol., c. 150 Bl.   »   872

140. مجالة المحتاج الي توجيه المنهاج لابن ملقن
fol., c. 300 Bl.   »   c. 850

141. كّ" الازهري فى غريب الفاظ الشافعى الذى اودعه
المزنى فى مختصره واصول الفقه
تصنيف ابي منصور الازهرى
8⁰, c. 160 Bl. Abschr. 557

142. سيف الملوك لحتف الصعلوك
لمصطفى بن يوسف بن عابدين الشريف
8⁰, c. 20 Bl. » 1144

143. نظم مثلث قطرب
لسديد الدين ابي القاسم عبد الوهاب بن الحسن
بن بركات المهلبي
8⁰, c. 20 Bl. » c. 1150

144. تعديل هيئة الافلاك وهو القسم الثالث من
تعديل العلوم
لعبيد الله بن مسعود بن تاج الشريعة
kl. 8⁰. » 846

Dann noch eine **Persische** Abhdl. astronom. Inhalts
u. einige kleine Arab. Stücke dess. Inhalts.

145. نبذة عظيمة فى بيان المخالفة بين الامام الاعظم
والامام الشافعى، تأليف عبد الغنى النابلسى
8⁰, c. 10 Bl. » c. 1200

146. دَرّ السحابة فى بيان مواضع وفيات الصحابة
للحسن بن محمد بن الحسن الصغانى
4⁰, c. 18 Bl. » c. 1150

147. شرح دقايف الغوامص فى علمي الايصاء والفرايص ليحيى
بن تقى الدين بن اسماعيل بن عبادة الفرضى الشافعى
8⁰, c. 200 Bl. » 1030

148. القول الحري المرعي فى بيان المسكن الشرعي
لاحمد بن عمر الاسلامبولى الحنفى
4⁰, c. 10 Bl. » c. 1260

149. كّ" فى الاحاديث التى روتها الكذبة والمدلسون
لمحمد بن طاهر المقدسى
4⁰, c. 40 Bl. » c. 800

150. ر" فى مذهب الامام مالك بن انس
لمحمد بن ابي زيد القيروانى
4°, c. 90 Bl.   Abschr. 860

151. 1) مختصر فى علل الاعاريص والضروب
4°, im Ganzen c. 240 Bl., no. 1 4 Bl.

2) ك" الورقات فى علم الاصول
لعبد الملك بن ابي محمد الجوينى امام الحرمين
5 Bl.

3) جمع الجوامع فى اصول الفقه
لعبد الوهاب بن علي بن السبكى
41 Bl.   Abschr. 914

4) تحفة العباد بما يجب عليهم فى الاعتقاد
لابي الفضل الشافعى
10 Bl.

5) التبصرة والتذكرة فى علم الحديث، ارجوزة
لزين الدين عبد الرحيم بن الحسين ابن العراقى
36 Bl.

6) حرز الامانى للشاطبي
40 Bl.   Abschr. 915

7) عقيلة اتراب القصايد للشاطبي
10 Bl.

8) المقدمة فى مخارج الحروف والتجويد
للجزري
4 Bl.

9) القصيدة النونية فى معرفة التجويد
وهى المسماة بعدة المفيد وعدة المجيد
للسخاوي
4 Seiten.

10) هداية المرتاب وغاية الحفاظ والطلاب
فيما يشتبه على النالي من آي الكتاب، ارجوزة
للسخاوي
15 Bl.   Abschr. 914

11) قصيدة الظاءات وهي نونية
لعز الدين عبد الرزاق بن رزق الرسغنى
2 Seiten.

12) نظم فى حروف كلا
لابن عبد العزيز الاربلي
2 Seiten.

13) الدر المنتقى المرفوع فى اوراد اليوم والليلة والاسبوع
لابي الصفا تقى الدين ابي بكر بن داود بن عيسى
الحنبلى القادري
27 Bl.

162. منحة السلوك فى شرح تحفة الملوك
لابى محمد بن احمد العينى الحنفى

8⁰, c. 170 Bl. Abschr. 1076

163. عمدة القاري شرح البخاري
للعينى

fol., 503 Bl. I. (bis Anfang des الصلاة "ك). » 956

164. عمدة القاري للعينى
4⁰, c. 500 Bl. Thl. III. » c. 1150

(Beginnt im Buch der Wallfahrt u. geht bis in الصيام "ك.)

165. عمدة القاري للعينى
fol., c. 200 Bl. Thl. IV? » c. 1100

(Beginnt im سور القرآن "ك u. geht bis Ende des النكاح "ك.)

166. ايضاح معانى التلخيص لمحمد بن عثمان الزوزنى
gr.-4⁰, c. 200 Bl. Abschr. (c. 850 u.) 958

167. 2. Theil eines theologischen, i. J. 826 vollendeten
Werkes, das hier mit Kap. 5 beginnt:
فى بيان ما يكره من الاقوال والافعال والاحوال فى
الامر بالمعروف والنهي عن المنكر
fol., c. 240 Bl. Abschr. c. 950

168. ك" الجُمَل فى النحو لابى القاسم الزجاجى
8⁰, c. 130 Bl. » c. 800

169. نزهة الناظرين فى تاريخ من ولى مصر من الخلفاء والسلاطين
لمرعي بن يوسف الحنبلى
fol., c. 50 Bl. » 1075
Nebst Anhang über die ot'mänische Herrschaft
vom Jahre 1033—1259.

170. عين الحيوة للبدر الدمامينى
8⁰, c. 250 Bl. » c. 1030

171. المُفْهِم لما اشكل من تلخيص كتاب مُسْلِم
لاحمد بن عمر بن ابراهيم الانصاري القرطبي
gr.-4⁰, c. 220 Bl. III. Thl. s. no. 1005. » c. 950

194. كتاب العهود لعبد الوهاب الشعراوي
4⁰, c. 300 Bl.   Abschr.   1043

195. شرح على المعلقات للحسن بن احمد الزوزني
4⁰, 92 Bl.   »   1269

196. ك" البلغة فى تاريخ ائمة اللغة
لمجد الدين الفيروزابادي
8⁰, c. 70 Bl.   »   1123

197. القول المختار فى ذكر الرجال الاخيار
لفايد بن مبارك الازهري الحنفى
4⁰, c. 110 Bl.   »   1196

198. اجازات
8⁰, 2 Bl.   »   863

199. 1) نصاب الجبر فى علم الجبر
لاسماعيل بن ابراهيم بن غازي بن على الماردينى
8⁰, im Ganzen c. 116 Bl., no. 1: 14 Bl.   »   c. 900

2) اعداد الاسرار فى اسرار الاعداد
18 Bl.   للماردينى ايضا

3) ارشاد الحساب فى المفتوح من علم الحساب
8 Bl.   له ايضا

4) فصول كافية فى حساب التخت والميل
14 Bl.

5) ر" فى اصول المساحة
4 Bl.

6) ر" فى المساحة والوصايا
36 Bl.   »   929

7) ك" فى علم الحساب المسمى بالعزيزة
14 Bl.

8) مقدمة فى علم الكتابة وبري القلم الخ
8 Bl.

200. Traditionen, hauptsächlich aus dem Anfang der
6 grossen Trad.-Sammlungen.   4⁰, 8 Bl.   »   c. 1250

201. مقامات للآلوسي
4⁰, c. 30 Bl. (2. u. 5. Maqâme).   »   1272

202. نجاح الآمال بايضاح عرض الاعمال
لاحمد بن محمد المتبولى الانصارى
8⁰, c. 30 Bl.   »   1001

203. توضيح الاعراب فى شرح قواعد الاعراب لابن هشام
لمحمود بن اسماعيل بن عبد الله بن ميكائيل الحريري
8°, c. 70 Bl.   Abschr. 1055

204. جامع الاسانيد والسنن لابن كثير
fol., c. 400 Bl. II. Thl.   » c. 1100

205. مرشد الانام شرح شرعة الاسلام
fol., 279 Bl.   » 1037

206. ك″ المنتخب فى الزهد من كتاب ابن حنبل
8°, c. 80 Bl.   » 753

207. شرح الاربعين
لابي الفتوح محمد بن محمد بن محمد بن علي
بن محمد الطائى
8°, c. 130 Bl.   » c. 710

208. ديوان ناصر الدين بن سكندر بن سويدان
ابن سالم‘ يعرف بارغون
4°, c. 150 Bl.   » 1274

209. ترتيب وتاليف فى ظهور السيد العظيم وقدومه
بعسكره الكريم‘ وغير هذا
kl. quer-8°, c. 200 Bl.   » 1213

210. درر النحور فى التوبة والتقرب الي الملك الغفور
ليوسف بن سعيد بن علي الكفرقوق الطواوي
kl.-8°, c. 180 Bl. وغير هذا   » c. 1210

211. Allerlei zur Drusen-Litteratur gerechnete Stücke.
kl.-8°, c. 160 Bl.   » c. 1210

212. Desgleichen. kl.-8°, c. 100 Bl.   » c. 1210

213. عمدة العارفين
kl.-8°, c. 200 Bl. II. Thl.   » c. 1000

214. 1) الرسالة الدامغة للفاسق فى الرد على النصيري
4°, im Ganzen c. 100 Bl.   » c. 1200

2—16, andere drusische Stücke, zuletzt شعر النفس

215. مجموع رسائل ابن تيمية
8°, c. 50 Bl.   » c. 950

216. رسالة ابن تيمية الي قبرص
8⁰, c. 10 Bl.   Abschr.   780

217. Aus einem Werke, wie es scheint, des ابن القيم
4⁰, c. 20 Bl.   »   c. 1200

218. ر″ فى تفسير قوله تعالي ويري الذين اوتوا العلم
لابن القيم ؟
4⁰, c. 20 Bl.   »   c. 1200

219. الشرف الاعلي فى ذكر قبور مقبرة باب المعلا
محمد بن على بن محمد بن ابي بكر القرشى العبدري الشيبي
8⁰, c. 20 Bl.   »   1122

220. مجمع الاسرار وكشف الاستار
لمحمد بمرداس الحمدي الخلوتى الحنفى
8⁰, c. 40 Bl.   »   c. 1150

221. رسالات فى الهيئة
fol., c. 160 Bl.   »   1163

222. نشوة الارتياح فى بيان حقيقة الميسر والقداح
لمحمد مرتضى الحسينى
8⁰, 9 Bl.   Autogr.   1186

223. ابكار الافكار وفاكهة الاخيار
لصالح بن تمرتاشي
8⁰, c. 200 Bl.   Abschr.   1131

224. فهرست الشيخ محمد بن محمد بن محمد بن العماد
وفهرست ولده كريم الدين محمد وفهرست الشيخ
جلال الدين السيوطي
4⁰, c.150 Bl.   »   c. 1200

225. ر″ فى ذمّ الخطأ فى الشعر
لابي الحسن احمد بن فارس بن زكرياء
8⁰, 2 Bl.   »   c. 1000

226. مختصر اقامة الدليل فى ابطال التحليل
لمحمد بن على الحنبلي
8⁰, 23 Bl.   »   c. 1100

227. ك″ فى الفلاكة والمفلوكين
لاحمد بن على الدلجي
8⁰, 122 Bl.   »   1299

228. ر″ فى حكم ستر وجه المرأة الخ
4⁰, 4 Bl.   »   c. 1200

229. للصفوري ‏محاسن المجتمعة فى فضايل الخلفاء الاربعة

8°, 100 Bl.   Abschr. c. 1150

230. قطب السرور فى وصف الخمور

8°, c. 200 Bl.   » c. 1000

231. احاسن المحامل فى شرح العوامل
لمحمد بن محمد امير حاج الحلبي

8°, c. 80 Bl.   » 854

232. فرايد القلايد فى علم العقايد
لعبد الوهاب الشعرانى

4°, c. 40 Bl.   » 937

233. التبصرة   لابي محمد مكي بن ابي طالب بن
محمد بن مختار القيسى المقري

8°, c. 100 Bl.   » c. 900

234. حاشية على ما فى سيرة المصطفى وتاريخ الخلفاء
للشيخ ابي عبد الله مغلطاي

8°, c. 40 Bl.   » c. 800

235. الفردوس بماثور الخطاب
لابي شجاع شيرويه بن شهردار الديلمى الهمدانى

4°, c. 250 Bl.   » 634

236. حلّ الرموز • ومفاتيح الكنوز
لابن غانم المقدسي

8°, 38 Bl.   » 932

237. شرح الاجرومية
لنور الدين السنهورى

8°, c. 300 Bl.   » 893

238. شرح مجمع البحرين
لعبد اللطيف بن عبد العزيز بن امين الدين

fol., 426 Bl.   » 924

239. جامع العلوم والحكم فى شرح حديث سيد العرب والعجم
لشهاب الدين ابن رجب

8°, 357 Bl.   » 833

240. مسند عبد الله بن عمر بن الخطاب

fol., c. 180 Bl.   » c. 600

241. تفسير القرآن للحسن بن محمد النيسابوري نظام الدين
fol., 688 Bl. II. Thl. Abschr. c. 1100

242. ك″ الترغيب والترهيب
لزكي الدين عبد العظيم بن عبد القوي المنذري
fol., c. 220 Bl. II. Thl. » c. 900

243. ك″ العزيز لتحلي بالذهب
لمحمد بن محمد بن يحيى بن المخلطة المالكي المصري
8⁰, c. 200 Bl. I. Thl. » c. 1100

244. ك″ العزيز لتحلي بالذهب لابن المخلطة
8⁰, c. 200 Bl. II. Thl. (Schluss). » c. 1100

245. هادي النفوس الي الملك القدوس
لابن الجوزي
8⁰, c. 180 Bl. » 1085

246. تقديم ابي بكر شرح بديعيته
fol., c. 250 Bl. » c. 1100

247. النُكَت المطربة في الحكايات واللطايف والنكت المنتخبة
8⁰, c. 200 Bl. » 1041

248. تاويل مختلف الحديث والرّد على .... الاخبار
المدّعى عليها التناقض
8⁰, c. 110 Bl. » c. 600

249. شرح غاية الاحسان في علم اللسان، وهو المسمى
بالنكت الحسان
لاثير الدين ابي حيان محمد بن يوسف بن علي الاندلسي
fol., c. 150 Bl. » c. 600

250. تفسير القرآن للثعلبي
fol., c. 350 Bl. Thl. IV (Sure الشعراء bis ابراهيم) » 877

251. شفا الاوام للتمييز بين الحلال والحرام
لبدر الدين محمد بن احمد بن يحيى
fol., c. 140 Bl. I. Thl. » 755

261. ك" فى علم النحو
لابى الحسن طاهر بن احمد بن بابشاذ النحوى
8⁰, c. 50 Bl.   s. no. 5.   Abschr. c. 900

262. ك" البصروية فى النحو
لشمس الدين البصروي
8⁰, 12 Bl.   »   c. 900

263. كتاب لسان الفلك
لابن احمد بن عيسى الدمياوي المغربي المشهور
بقايد الجيوش
8⁰, c. 50 Bl.   »   1183

264. ك" تلقيح العقول فى الفروق بين اهل النقول
لاحمد بن ابراهيم بن عبيد الله المحبوبي الحنفى
8⁰, c. 110 Bl.   »   c. 1100

265. الطبّ الكلّى المسيحى
8⁰, c. 110 Bl.   »   732

266. ك" الكناش وفردوس الحكمة فى الطبّ
لعلي بن زين الحكيم
4⁰, c. 270 Bl.   »   c. 900

267. 1) ك" فى معرفة الطبائع
kl.-fol., c. 30 Bl.   »   c. 1200

(2 ك" فى العلامات بالاسارير والخطوط فى الاكف
kl.-fol., c. 8 Bl.   »   c. 1200

268. ك" الطبّ
(In 70 باب).   8⁰, c. 250 Bl.   »   c. 900

269. ك" نزهة النفوس ودفتر العلم وروضة النفوس
فى امور النكاح' ارجوزة
4⁰, c. 150 Bl.   »   c. 1100

270. مختار جامع الاصول من احاديث الرسول
8⁰, c. 110 Bl.   »   692

271. نزهة السالكين للغزالي
8⁰, c. 60 Bl.   »   c. 1150

272. بداية الهداية للغزالي
8⁰, c. 70 Bl.   »   c. 900

273. الرّ القدسية فى معرفة الذات الالهية الخ للغزالي
8⁰, c. 13 Bl.   »   c. 1150

274. كّ التبر المسبوك فى نصايح الملوك للغزالي

8⁰, c. 110 Bl.   Abschr. 1067

275. كّ مقامات العلماء بين يدي الخلفاء والامراء

للغزالي   8⁰, c. 60 Bl.   » 1059

276. كّ الكشف والتبيين فى غرور الخلق اجمعين

للغزالي   4⁰, c. 20 Bl.   » c. 1250

277. مشكاة الانوار ومصفاة الاسرار

للغزالي   4⁰, 23 Bl.   » c. 1250

278. Stück eines Werkes von الغزالي

kl.-4⁰, 40 Bl.   » c. 1100

279. كّ الاقتصاد فى الاعتقاد للغزالي

hoch-4⁰, c. 60 Bl.   » 1093

280. رّ وعظية الي احمد بن سلام الذيمى

للغزالي   8⁰, 4 Seiten.   » c. 1150

281. كّ سرّ العالمَيْن وكشف ما فى الدارَيْن للغزالي

fol., c. 22 Bl.   » 1013

282. كّ تفليس ارباب النواميس للغزالي

fol., c. 25 Bl.   » c. 1025

283. رّ فى مناقب الغزالي

8⁰, 9 Bl.   » c. 1200

284. كّ المُزْهِر فى علوم اللغة للسيوطي

kl.-8⁰, 584 Bl.   » 970

285. سلك الدرر فى اعيان القرن الثانى عشر

لخليل افندي الدمشقى   4⁰, 136 Bl.   » 1215

286. منتخب المرصاد فى سلوك العباد للغزالي

hoch-4⁰, c. 50 Bl.   » c. 1150

287. 1) ر" فى التفضيل بين انبياء البشر
4°, im Ganzen c. 40 Bl., no. 1: 4½ Seiten. Abschr. c. 1140

2) باب ما ذكر فى الفتوة
3 Seiten.

3) جزء فى ذمّ الوسواس واهله
13 Seiten. » 1141

4) تفسير فى سورة الانسان
29 Seiten.

5) تحرير التنزيه وتحذير التشبيه
لاحمد بن محمد الاسكندرى المالكى
20 Seiten. » 1142

6) ر" فى معرفة الطريق الى الله
3½ Seiten.

288. ر" فى جواز اقتداء الحنفية بالشافعية
لعلى بن سلطان محمد القارى
kl.-8°, c. 16 Bl. » 1137

289. جواب اهل العلم والايمان بتحقيق ما اخبر به رسول الرحمن
من ان قل هو الله احد تعدل ثلث القرآن
من كلام ابن تيمية
8°, c. 50 Bl. » c. 1000

290. فتح الوهاب فى موافقات عمر بن الخطاب
للسيوطى
4°, c. 10 Bl. » 1283

291. ك" الفلاحة   لابن وحشية
fol., c. 110 Bl. » c. 450

292. قرّ العون من مدّعى ايمان فرعون
لعلى بن سلطان محمد القارى
8°, c. 25 Bl. » 1078

293. شرح لحصن لحصين   لعلى القارى
fol., 343 Bl. » 1221

294. 1) الشماريخ فى التواريخ   للسيوطى
8°, 8 S. » 1090

2) الاحاديث الموضوعة   لعلى القارى
8°, 25 S. » 1090

295. Sammlung von 70—80 kleinen Abhandlungen des
على بن سلطان محمد القارى
8°, 731 Bl. » 1175

296. شرح الاربعين النووية لعلي القاري
وهو المسمى بالمبين المعين لفهم الاربعين
8⁰, c. 310 Bl.   Abschr. 1130

297. جمع الوسايل فى شرح الشمايل للترمذي
لعلي بن سلطان محمد القارئ
8⁰, 331 Bl.   » c. 1150

298. 1) الدرّة المضيّة فى زيارة المرضيّة
لعلى القاري
8⁰, c. 150 Bl. im Ganzen.   » c. 1200

2) ذخيرة الكثيرة فى رجاء مغفرة الكبيرة
لعلي القاري

3) ك" الموعظة له ايضا
und einiges Andere von ihm.

299. 1) تعليق على بعض مغلقات كتاب آداب المريدين
لعلى القاري
hoch-4⁰, 132 Bl.   » 1226

2) ر" فى مصنفات كمال باشا زاده
2 Seiten.

300. 1) محاضرة الاوايل ومسامرة الاواخر
4⁰, 163 Bl. im Ganzen, no. 1 100 Bl.

2) شرح ايّها الولد للخادمي
4⁰, 35 Bl.

3) فى السماع والغنى لعلى القاري
9 Bl.

4) اصطلاحات الصوفية للقاشانى
18 Bl.

301. شرح الشفا فى شمايل صاحب الاصطفا
لعلي القارئ
8⁰, 373 u. 266 Bl.   » c. 1150

302. 1) ر" فى قوله تعالي فامنوا مكر الله فلا يؤمن مكر
الله الا القوم الخاسرون
لعلى القارئ
8⁰, 6 Bl.   » c. 1200

2) ر" فى قوله تعالي قال الله والصافات صفا
لعلي القارى
8⁰, 4 Bl.   » c. 1200

303.   ك" للجمالَيْن على تفسير للجلالَيْن
لعلي بن سلطان محمد القاري الهروي
4⁰, 385 Bl.   Abschr. 1145

304.   كشف الاسرار عمّا خفي عن الافكار
لاحمد بن العباد الاقفهسى (الاقفهسى .Hs)
8⁰, c. 80 Bl.   »   1057

305. 1)   ك" الصواعف المرسلة في الرد على فرق الضلال
والمتاؤله
لابن قيم للجوزية
8⁰, c. 140 Bl. im Ganzen, no. 1 c. 120 Bl.   »   c. 1150

(2   ر" في الكلام على حقيقة الاسلام والاثمان
لاحمد ابن تيميّة
8⁰, c. 20 Bl.   »   c. 1150

306.   بهجة الطايفة لابن العربي
8⁰, c. 40 Bl.   »   c. 588

307.   ترغيب المتحبّبين في لبس خرقة المتميزين
لابي عبد الله الطليلاني القادري
8⁰, c. 20 Bl.   »   823

308.   الكواكب الدرية في تراجم الصوفية
للمناوي
8⁰, c. 220 Bl. II. Thl. (Klasse 5—11).   »   1169

309.   بغية الرائد في ما في حديث امّ زَرْع من الفوايد
لعياض بن موسى بن عياض اليحصبي المالكي
4⁰, c. 45 Bl.   »   c. 700

310. Traditions-Werk in 40 Kap., Anfang fehlt.
4⁰, c. 150 Bl.   »   634

311.   فصول ابقراط
8⁰, c. 40 Bl.   »   651

312.   العقد النفيس ونزهة للجليس
8⁰, c. 150 Bl.   »   c. 1150

313.   ديوان غزل لعبد الله باشا ابن الكبرلي
8⁰, c. 15 Bl.   »   1157

314. غرر الفوايد المجموعة فى بيان ما وقع فى صحيح مسلم
من الاحاديث المقطوعة

(652+) ليحيى بن على بن عبد الله القرشى المصري رشيد الدين العطّار

8°, c. 35 Bl. Abschr. 865

315. ك" النظام المذهب فى مفردات المذهب، ارجوزة
لمحمد بن على المعروف بالقاضى عزّ الدين

8°, c. 35 Bl. » c. 850

316. ايرادات على كتاب الحاوي لعبد الغفار القزوينى،
لمحمد بن محمد بن زنكي

kl.-8°, c. 20 Bl. » c. 1000

317. فصل من ك" سير السالك فى اسنى المسالك
تاليف فى السماع والرقص
لتقى الدين ابي بكر الحسينى الحصنى الشافعى

8°, c. 20 Bl. » 926

318. 1) شرح الصدور بشرح حال الموتى والقبور
للسيوطي

4°, c. 160 Bl., no. 1 c. 130 Bl. » 1116

2) ر" ما رواه الواعون فى اخبار الطاعون
للسيوطي

4°, c. 15 Bl.

3) المقامة الوردية فى موت الاولاد للسيوطي

4°, c. 15 Bl.

319. خصايص يوم الجمعة للسيوطي

8°, c. 20 Bl. » c. 1000

320. الرياض الانيقة فى شرح اسماء خير الخليقة
للسيوطي

8°, c. 80 Bl. » c. 1150

321. 1) ك" الطبّ النبوي للسيوطي

4°, c. 20 Bl. » c. 1100

2) افادة الخبر بنصه فى زيادة العمر ونقصه
للسيوطي

Nur 1 Bl. vorhanden.

322. رقعة من رسالة السيوطي فى فضل الجمعة

8°, 7 Bl. » c. 1100

323. ر" الفرج بعد الشدة للسيوطي
8⁰, 15 Bl.   Abschr. c. 1150

324. ر" الشمعة المضية فى علم العربية للسيوطي
4⁰, 4 Bl.   »   1201

325. انموزج اللبيب فى خصائص الحبيب للسيوطي
4⁰, c. 30 Bl.   »   1099

326. 1) ك" مقامة الرياحين فى مشمومات البساتين
للسيوطي
8⁰, c. 36 Bl. im Ganzen.   »   c. 1150

2) المقامة المسكية وهي مقامة الطيب للسيوطي

3) المقامة التفاحية للسيوطي

327. ما رواه الواعون فى الطعن والطاعون
للسيوطي
8⁰, c. 36 Bl. (s. 318²)).   »   c. 1150
Darin auch dessen المقامة الدرية

328. ك" الاشباه والنظاير فى الفقه على مذهب الشافعي
للسيوطي
8⁰, c. 300 Bl.   »   c. 1010

329. مجموع رسالات للسيوطي
ومنها خصائص الرسول
8⁰, c. 210 Bl.   »   c. 1200

330. مقامة الفتاش على القشاش للسيوطى
8⁰, 7 Bl.   »   c. 1150

331. الرسالة الذهبية فى الحمي
kl.-8⁰, 3 Bl.   »   c. 1200

332. رسالات للسيوطي
8⁰, c. 50 Bl.   »   c. 1200
1) فى حكم السباحة

2) فى حكم اخوة يوسف

3) فى حكم رؤية الله للنساء

4) الدرر المنتشرة فى الاحاديث المشتهرة

nebst einigen Kleinigkeiten, wie ر" فى الشهيد

3

333. 1) ر" المعاني الدقيقة في ادراك الحقيقة
للسيوطي
8°, c. 26 Bl.   Abschr. c. 1200

2) ر" الاعلام بحكم عيسى عليه السلام للسيوطي

334. بديعية السيوطي مع شرحه
4°, 16 Bl.   »   1191

335. 1) الهيئة السنية في الهيئة السنية
للسيوطي
kl.-8°, 36 Bl.   » c. 1200

2) ر" في ابوي النبي صعم للسيوطي
kl.-8°, 40 Bl.   » c. 1200

336. 1) ك" الاشاعة في اشراط الساعة للسيوطي
8°, 3 Bl.   » c. 1150

2) ر" الانصاف في تمييز الاوقاف للسيوطي
8°, 2½ Bl.

3) فجر الثمد في اعراب اكمل الحمد للسيوطى
8°, 1¾ Bl.

337. 1) ك" المنحة في فضل السجحة للسيوطى
8°, 9 Seiten.   » c. 1180

2) في بيان ذوات الامثال والقيم المختلف فيها
بين العلماء الاعلام الخ له ايضا
8°, 7 Seiten.

3) فتوى لعلى زاده فيما يجب على كل مسلم
8°, 8 Seiten.

338. فضل الجلد على فقد الولد للسيوطي
4°, 23 Bl.   » 1211

339. ر" في نزول عيسى عم للسيوطي
4°, c. 16 Bl.   » c. 1100

340. التثبيت في علم التبييت، أرجوزة
للسيوطي
4°, 10 Bl.   » 1191

341. ك" الفانيد في حلاوة الاسانيد للسيوطي
8°, 7 Bl.   » c. 1200

— 35 —

342. ك" النجوم الزواهر فى استخارة المسافر للسيوطي
4⁰, 8 Bl.   Abschr. c. 1200

343. اتحاف الوفد بنبا سورتى الخلع والحفد
للسيوطي
8⁰, 4 Bl.   »   1002

344. اخراج الاحاديث من ك" الارج فى الفرج للسيوطى
4⁰, c. 10 Bl.   »   c. 1200

345. جنى الجناس   للسيوطي
8⁰, c. 110 Bl.   »   1107

346.   19 Abhandlungen des السيوطي, zuerst
الحبائك فى اخبار الملائك
4⁰, c. 110 Bl.   »   967

347. 1) حواشى منتخبة من حاشية السيوطي
على تفسير البيضاوي
4⁰, 30 Bl.   »   1087

2) حاشية سنان افندي على سورة الملك وغيرها
4⁰, c. 20 Bl.

3) ر" فى المؤنثات السماعية على حروف المعجم
4⁰, 2 Seiten.

4) ر" فى معراج رسول الله
4⁰, 12 Bl.

348. شرح شواهد المغنى   للسيوطي
4⁰, c. 270 Bl.   »   1259

349. منهاج العابدين   للغزالي
4⁰, c. 130 Bl.   »   719

350 a) b) c) نهاية الطلب فى شرح المكتسب فى زراعة الذهب
لايدمر بن على الجلدكى
4⁰, à 180 Bl. 3 Bde.   Abschr. 1300/1301

351. للجزء السادس من الكفاية فى معرفة اصول علم الرواية
لابي بكر احمد بن على بن ثابت بن احمد بن مهدي
ابن الخطيب
4⁰, c. 20 Bl.   Abschr. c. 530

352—356. Dasselbe Werk, 8ter bis 12ter جزء
4⁰, à c. 20 Bl.   »   c. 530

3*

357. 1) منهاج العابدين للغزالي
    4⁰, c. 100 Bl. (s. no. 349.)   Abschr. 1009

    2) التجريد فى كلمة التوحيد للغزالي
    4⁰, c. 20 Bl.

    3) الورقات لامام الحرمين
    4⁰, 3 Bl.

    4) اخلص الخالصة
    4⁰, c. 20 Bl.

    5) **Türkische** (theologische) Abhandlung.
    c. 25 Bl.

    6) تعليم المتعلّم فى طريق التعلّم
    4⁰, 8 Bl.

358. شرح بانت سعاد للسيوطى
    8⁰, c. 100 Bl.   »   1145

359. 1) ك" الفصوص لابن العربي
    4⁰, im Ganzen c. 150 Bl.   »   1132

    2) ك" الاشارات لابن العربي

    3) ك" تاح التراجم لابن العربي

    4) ك" الشواعد له ايضا

360. هذا كتاب فى صنعة عجيب وهو من نثر الاديب
حاوى لكل فن الخ، ارجوزة
Es ist wohl das ك" الصادح والباغم des ابن الهبّاريذ
kl.-8⁰, 84 Bl.   »   c. 1100

361. Ohne Titel, scheint ein Zauberbuch mit Be-
schwörungsformeln zu sein.   kl.-8⁰, 67 S.   »   c. 1100

362. **Türkisch.** (تسهيل مرقاة الوصول الى علم الاصول
لعثمان بن مصطفى الكليبولى)

363. بستان العارفين
    8⁰, 127 Bl.   »   1212

364. ثمرة الحقيقة ومرشد السالك
لاحمد بن عمر الزيلعى
    c. 80 Bl.   »   1266

365. الجزء ٢١ من صحيح البخاري
    4⁰, c. 40 Bl.   »   c. 700

366. **Türkisch.** (ترجمة مقدمة ابن خلدون لپيرى زاده)

367.   ك„ الانسان الكامل
     4⁰, c. 200 Bl.   لعبد الكريم الجيلانى   Abschr. c. 1000

368.   Sammelband, c. 30 Abhdl. von Ibn sīnā u. A.; darin
                   شرح نفس الامر للطوسي
     8⁰, c. 150 Bl.   للكشى   »   c. 1000

369.   ديوان معتوق
     kl.-4⁰, c. 100 Bl.   »   c. 1200

370.   ك„ الاغانى
     kl.-4⁰, 174 Bl.   III. Thl.   »   c. 600

371.   مجموع خطب
     4⁰, c. 200 Bl.   »   c. 700

372.   شرح اسماء الله الحسنى
             لعبد السلام بن عبد الغالب
     8⁰, c. 200 Bl.   »   932

373.   المكرر فيما تواتر من القراءات السبع وتحرر
        لعمر بن قاسم بن محمد بن علي الانصاري
     kl.-4⁰, c. 140 Bl.   »   1174
           Nebst verschiedenen Anhängen.

374.   الفلاح فى المراح
     8⁰, c. 110 Bl.   »   1039

375.   سلسلة الذهب‘ رواية الامام الشافعى
     47 Traditionen.   8⁰, 6 Bl.   »   c. 1175

376.   الكشاف   للزمخشري
     fol., c. 150 Bl.   Thl. III.   »   c. 700
         Bl. 151—157 Abschr. c. 1130.

377.   بغية الرائد فيما فى حديث ام زرع من الفوائد
          لعياض بن موسى اليحصبى
     kl.-4⁰, c. 50 Bl.   »   c. 1000

378.   تلخيص الاحرا فى حكم تعليق الطلاق بالابرا
             لابن حجر الهيتمى
     8⁰, 9 Bl.   s. no. 1045[10]).   »   c. 1100

379.   التجريد فى كلمة التوحيد   للغزالي
     8⁰, c. 10 Bl.   »   c. 1100

380.   تحفة الراغبين فى بيان امر الطواعين
     4⁰, 8 Bl.   »   c. 1200

381. القواعد المقررة والفوايد المحررة
لمحمد بن قاسم بن اسماعيل البقري
kl.-4⁰, 9 Bl.   Abschr.   1101

382. من اوايل كتب الحديث المشهورة
لمحمد سعيد بن المرحوم محمد سنبل
kl.-4⁰, c. 10 Bl.   »   c. 1150

383. الفرق بين حقيقة الحياة المستمرة والحياة المستقرة
لاحمد بن العماد الاقفهسي (الاقفهسي) (Hs.
8⁰, c. 15 Bl.   »   c. 900
Nebst Anhang, den Eid betreffend, 5 Bl.

384. 1)   حاشية فناري للسيد الشريف
fol., c. 150 Bl.   »   c. 950

2)   كشف الرموز وفتح باب الكنوز
لمحمد بن على الحصاري   fol., c. 150 Bl.   »   c. 1000

385. شرح المختصر فى علم العروض المنسوب الي
ابي الجيش محمد الانصاري
8⁰, c. 30 Bl.   »   1241

386. ر " فى علم الاسارير التى فى الاكف
4⁰, 13 S.   »   c. 1150

387. المقنع والمورد العذب لمن يكرع ويشرب
لعلى بن خليل المرصفى
8⁰, c. 50 Bl.   »   920

388. ك " الانسان الكامل
4⁰, c. 220 Bl.   (s. no. 367.)   »   c. 1050

389. شرح قواعد الاعراب لخالد الازهري
8⁰, c. 30 Bl.   »   c. 1100

390. Astronomisches.   9 Abhdl.   فى الربع المجيب
8⁰, c. 60 Bl.   »   c. 1000

391. عقيدة اهل الاختصاص لابن العربي
8⁰, c. 12 Bl.   »   c. 1150

392. شرح هياكل النور لانقروي اسمعيل افندي
8⁰, c. 60 Bl.   »   c. 1200

393. 1)   بداية الهداية للغزالي
8⁰, c. 40 Bl.   »   1180

2)   ر " ايها الولد للغزالي
8⁰, c. 20 Bl.   »   1180

394. شرح تعديل العلوم لصدر الشريعة
8⁰, 183 u. 90 Bl. (cf. no. 144.) Abschr. 758

395. 1) حلية شريفة
لابراهيم الحلبي الحنفي
4⁰, im Ganzen c. 250 Bl. » 1204

2) ر" فى مواضع الصلوة علي النبي
لمحمد الجزري

3) ر" فى حق ابوي النبي للجزري

4) ر" فى حق ابوي النبي لابن كمال باشا

5) انموزج اللبيب للسيوطي

6) ر" عصمة الانبياء للفخر الرازي

7) تحفة الالباب فى حلية الانبياء والاصحاب

396. امعان النظر شرح ك" المقصود
لمحمد بن پير علي البالي كسري
8⁰, c. 20 Bl. » c. 1200

397. ك" فى اسنان الخيل وعلاماتها .... ومعرفة عيوبها
4⁰, c. 80 Bl. » c. 800

398. 1) كشف القناع عن وجه السماع
للكيزواني
8⁰, c. 70 Bl., no. 1 c. 15 Bl. » c. 1150

2) فتح الباب ورفع الحجاب
8⁰, c. 10 Bl.

3) ر" فى قسمي الموت وحشر الارواح والاجساد
8⁰, c. 45 Bl.

399. شرح مراح الارواح
8⁰, c. 150 Bl. » c. 1100

400. شرح الاذكار النووية
8⁰, c. 150 Bl. » 1190

401. الكشاف للزمخشري
4⁰, c. 80 u. 5 Bl. Abschr. c. 900 (u. 700)

402. الرسالة العضدية مع شروح لها
8⁰, c. 60 Bl. Abschr. c. 1100

403.   4⁰, c. 180 Bl.   كّ السبعيات للهمداني   Abschr.   959

404.   النصريح بمضمون التوضيح
       لخالد بن عبد الله الازهري   fol., 300 Bl.   »   954

405.   نزهة الاخبار ومجمع النوادر والاخبار
       لمحمد بن ابي الوفا بن معروف الحموي
       8⁰, c. 130 Bl.   »   c. 1034

406. **Persisch** (عجائب المخلوقات).

407.   نصايح شريفة ومواعظ ظريفة   4⁰, c. 35 Bl.   »   1151

408. **Türkisch** (Uebersetzung der ايساغوجي).

409. 1)   ر" فى خلق الانسان   8⁰, c. 60 Bl.   »   c. 1000

     2)   ر" فى الزهد فى هذه الدنيا   8⁰, c. 60 Bl.

410. **Sammelband. kl.-8⁰, c. 100 Bl.**   »   c. 1200
     1) Traditionen aus den 6 Haupt-Sammlungen.
     2) القول المشفى لتحقيق تعريف الشكر العرفي
        لمحمد الجوهري
     3) البردة للبوصيري
     4) احاديث مسلسلة فى يوم العاشورا
     5) ر" فى علم التوحيد   لاحمد السجاعى
        c. 20 Bl.
     6) مسائل ابى حازم   und einiges Andere.

411. Moderne kleine Poesien. kl.-8⁰, c. 20 Bl.   »   c. 1200

412.   شرح ايساغوجي لحسام كاتبي   8⁰, c. 25 Bl.   »   c. 1100

413. 1)   ر" فى الرمي والقوس والبندق والمدفع
        لاحمد ابراهيم القازاني   4⁰, c. 10 Bl.   »   c. 1200

     2) ر" على اوايل الكتب التى تلقيت عن الامام
        البصري بمكة   4⁰, c. 8 Bl.   »   c. 1200

414. 1) شرح التهذيب لعبد اللطيف الحبيصى
4⁰, c. 100 Bl. (2 mal vorhanden).   Abschr. 1168

2) متن التهذيب فى المنطق
4⁰, 6 Bl.

415. ك″ فى اصول الفقه
لاحمد بن عبد الحليم بن عبد السلام الحرانى
4⁰, c. 100 Bl.   » 1018

416. سلوان المطاع فى عدوان الاتباع
8⁰, c. 90 Bl.   » 1175

417. القسم الثالث من المفتاح للسكاكي
8⁰, c. 120 Bl.   » c. 1100

418. ديوان على بن الحسن بن الفضل الكاتب
البغدادي المعروف بابن صردر
4⁰, c. 25 Bl.   » 1168

419. Kleinere Poesien a. d. J. c. 1125.   4⁰, c. 20 Bl.   » c. 1150

420. ك″ فى المقصور والممدود لابن دريد
8⁰, 5 Bl.   » c. 900

421. ك″ جمع الجوامع للتاج ابن السبكي
kl.-4⁰, c. 40 Bl.   » c. 1100

422. جلاء الافهام فى فضل الصلوة على خير الانام
لمحمد بن ابي بكر بن ايوب الزرعي
4⁰, c. 150 Bl.   » c. 1100

423. ك″ السبعيات للهمدانى
kl.-8⁰, c. 90 Bl.   » c. 1100

424. الكفاية فى نظم .... اننهايذة' ارجوزة
لمحمد بن الظهير
8⁰, c. 40 Bl. (cf. no. 180.)   » 854

425. تعريفات الفنون لمحمد الاكرماني
8⁰, c. 50 Bl.   » c. 1100

426. شرح النخبة لابن حجر
c. 20 Bl.   » c. 900

427. اعراب شواهد قطر الندا للشربيني
4⁰, c. 50 Bl.   » c. 1150

428. Sammlung von Poesien, darunter
القصيدة الذهبية' بدء الامالي'
etc., auch Räthsel u. Prosastücke. 4⁰, c. 120 Bl.   » c. 1100

429. الفتح المكي الفائض شرح يائيّت ابن الفارض
للزين المرصفى
4⁰, c. 50 Bl.   Abschr. c. 1000

430. تاريخ الحكماء
8⁰, c. 90 Bl.   »   782

431. شرح صفى الدين الحلّي على بديعيته
fol., c. 20 Bl.   »   c. 1000

432. ك″ الهاروني فى منافع الطب
8⁰, c. 10 Bl.   »   c. 1100

433. طب القلوب لابن القيم
4⁰, c. 20 Bl.   »   c. 1050

434. رقعة من الصحاح للجوهري
(جذم — خيم)
4⁰, c. 18 Bl.   »   567

435. ك″ فى الردّ على الملحدين
fol., c. 80 Bl.   »   c. 1100

436. القصائد الارتقية للصفى الحلي
8⁰, c. 18 Bl.   »   c. 1100

437. ك″ اثبات نبوة النبي لاحمد بن الحسين الهاروني
fol., c. 65 Bl.   »   684

438. ك″ المنبة والامل شرح الملل والنحل
fol., c. 100 Bl.   »   c. 1100
Ist 1. Thl. des 9 bändigen Werkes:
غايات الافكار ونهايات الانظار المحيطة
بعجايب البحر الزخار

439. ك″ الفقه الاكبر لابي حنيفة
8⁰, c. 35 Bl.   »   c. 900

440. الاشباه والنظاير فى الفقه على مذهب ابي حنيفة
8⁰, 273 Bl.   »   c. 1019

441. حادي القلوب الي لقاء المحبوب
لاحمد بن مبلق المغربي الشاذلي
fol., c. 50 Bl.   »   c. 1000

442. نزهة الطرف فى حكم الجار والمجرور والظرف
لصلاح بن الحسين الاخفش
4⁰, 8 Bl.   »   1203

443. كنز الدقايق فى الفقه
kl.-8⁰, c. 200 Bl.   »   c. 1100

444. رسالات لمحمد بن مصطفى الاوداتى بيكشهري
8°, 124 Bl. Abschr. 1119
1) تعليق على مفتاح العلوم
2) رسالة منتزعة فى كلام الله واسماء
الله تعالي وغير هذا
3) **Türkisches.**

445. مجموعة فى فن الفلك والسؤالات من كشف
الاسرار عن المولود والعزل والنصب
4°, c. 70 Bl. » c. 1200

446. شرح قوانين المناظرة ادب البحث
لساجقلى زاده
4°, c. 40 Bl. » c. 1200

447. ك" السبعيات للهمداني
8°, c. 100 Bl. » 1112

448. منهج الطلاب لزكرياء الانصاري
8°, c. 160 Bl. » c. 1000

449. شرح على المولد الشريف
لعبد الله بن على بن على الازبكى الدمليجي
الشهير بسويدان الشافعى
4°, c. 42 Bl. » c. 1200

450. شرح لامية العجم
للصلاح الصفدي
8°, c. 120 Bl. Thl. IV (Schluss). » 995

451. ر" الاخوان من اهل الفقه وحملة القران
لعلي بن ميمون بن ابي بكر بن على بن ميمون
8°, c. 30 Bl. » c. 800

452. Kleine Poesien, unbedeutend. 8°, c. 15 Bl. » c. 1150

453. مختصر فى الفقه على مذهب الشافعى
8°, c. 40 Bl. » c. 1150

454. اختصار تنبيه الانام فى بيان علو مقام نبينا محمد عم
لعبد الجليل بن محمد بن احمد بن عظوم المرادي
القيرواني
4°, c. 200 Bl. » 1021

455. سفينة وفيها الارتقيات للصفى الحلبي
وغيرها
quer-8°, c. 80 Bl. » c. 1200

456.   عَلَم الملاحة فى علم الفلاحة
لعبد الغنى ابن النابلسى   kl.-8⁰, 370 S.   Abschr. 1282

457.   تخميسات على المنفرجة وموشحات وصلوات
fol., c. 50 Bl.   »   c. 1248

458.   المنح المكية فى شرح الهمزية لابن حجر الهيتمي
8⁰, c. 240 Bl.   »   1159

459.   القسم الرابع من الامالي وهو يشتمل على الفتاوي
لمنصور بن محمد الاوزجندي قاضى خان
fol., c. 130 Bl.   »   c. 722
(Von "ك" الحجر bis "ك" اللقطة).

460.   شرح ديوان ابي العلا المعري
4⁰, c. 150 Bl.   Ist wol der 2. Thl.   »   c. 800

461.   تعليق مختصر على الاربعين النووية
لعبد الرؤوف ابن المناوي
4⁰, c. 220 Bl.   »   1060

462.   منظومة فى فضايل شهر رمضان وغير ذلك مع شرحها
لابي الارشاد على الاجهوري المالكي
8⁰, c. 100 Bl.   »   1070

463.   منتخب سنن الاقوال والافعال
لعبد الله المدنى
4⁰, c. 320 Bl.   »   1022

464.   عدة الافهام فى شرح عمدة الاحكام
لعبد الغنى بن عبد الله المقدسي
4⁰, c. 300 Bl.   I. Thl.   »   732
(Geht bis باب القبلة exclusive.)

465.   الوسايل الى معرفة الاوايل   للسيوطي
8⁰, c. 30 Bl.   »   1084

466.   "ر" فى فضايل القدس والخليل
8⁰, c. 30 Bl.   »   c. 900

467.   الطريقة المحمدية
8⁰, 111 Bl.   »   1174

468.   "ك" النوابع فى علم الصرف
لابن كمال باشا
8⁰, c. 80 Bl.   »   c. 1100

469.   شرح شواهد الرضي
للفاضل عبد القادر افندي البغدادي
4⁰, Bl. 300—554 (2. Thl.).   Abschr. c. 1100

470.   شرح على قواعد الاعراب   للكافيهجي
8⁰, c. 100 Bl.   »   1115

471. Sammelband, c. 40 Abhdl. Verschiedener, wie
الغزالي , ابن كمال باشا , على بن محمد القاري
الفقه الاكبر Darin auch
8⁰, c. 200 Bl.

472.   حاشية عصام الدين على الوضعية
8⁰, c. 50 Bl.   »   c. 1100

473. تحرير القواعد المنطقية فى شرح الر" الشمسية
8⁰, c. 100 Bl.   »   c. 1100

474.   تعليم المتعلم
8⁰, die ersten 10 Bl.

475.   حاشية علي مختصر المعانى للسعد
لعبد الله البزول
8⁰, c. 50 Bl.   »   1011

476.   الدر المنضود فى وحدة الوجود
لعطاء الله بن احمد بن عطناء الله بن احمد
8⁰, 9 Bl.   »   c. 1100

477. مجالة البيان فى شرح الميزان
8⁰, c. 130 Bl.   »   c. 1100

478. الخواجكان فى آداب عبودية الاعيان
8⁰, c. 50 Bl.   »   c. 1100

479. الجواهر المكللة لمر .... الطرف المكملة
لحمد بن احمد العوفي،
8⁰, c. 200 Bl.

480. 1)   الكافية فى النحو
kl.-8⁰, c. 80 Bl. im Ganzen, no. 1 c. 35 Bl.   »   1219

2) ر" فيما يحتاج اليه كل معرب اشد الاحتياج
8⁰, c. 35 Bl. (s. no. 591²).

3)   فى العوامل للبركوي
8⁰, c. 8 Bl. (s. no. 591¹).

481.   1)   رسالة فى التصريف
       kl.-8°, 15 Bl. (s. no. 535 2)).   Abschr. 1259

      2)   التصريف
       kl.-8°, 7 Bl. (cf. no. 592 1)).

      3)   المقصود فى التصريف
       kl.-8°, c. 10 Bl.

      4)   ر" فى البناء
       kl.-8°, c. 15 Bl.

482.   مختصر شرح شواهد التلخيص
     4°, c. 40 Bl.   »   1171

483.   مغنى اللبيب عن كتب الاعاريب   لابن هشام
     4°, c. 300 Bl.   »   1052

484.   الايضاح الفايض على ما برز وغمض فى الفرايض
      وهو شرح على ك" ابراز لطايف الغوامض
     4°, c. 250 Bl.   »   c. 1000

485.   ك" مشتمل الاحكام
     8°, c. 150 Bl. (s. no. 1008.)   »   921

486.   خبير القلايد   شرح جواهر العقايد
     8°, c. 100 Bl.   »   1159

487.   شرح على مختصر جمال الدين ابن الحاجب
     8°, c. 150 Bl.   »   c. 1150

488.   تجريد العقايد
     4°, 279 Bl.   »   922

489.   مغنى اللبيب
     gr.-4°, c. 210 Bl. (cf. no. 483.)   »   c. 860

490.   ارجوزة فى علم الحديث
     8°, c. 70 Bl.   »   1011

491.   شرح على الفوايد الضيائية
      لابراهيم بن محمد بن عربشاه
     gr.-4°, c. 130 Bl.   »   c. 1100

492. قطب العارفين ومقامات الابرار والاصفياء والصديقين
     4°, c. 70 Bl.   لعبد الرحمن البتجائى   »   c. 1200

493.   ك" شرح مجسطى   للنيسابوري
     gr.-4°, c. 180 Bl.   »   1024

494. البديعية مع شرحها   للصفى الحلي
8°, c. 45 Bl.   Abschr.   1259

495. Sammelband.   8°, c. 120 Bl.   »   c. 1100

Darin u. A.:

1) تبيان الامور لاهل الشك والشرور
2) كشف البيان لما يجب على الانسان
3) ر" فى بيان صفات المومنين والمنافقين
4) ر" فى فوايد الجوع وآفات الشبع

496. 1) شرح على شرح خالد على الآجرومية
لعبد الكريم بن محمد بن عبد الله بن رمضان
الشهير بالدري الوفائى الازهري
4°, c. 120 Bl.   »   1094

2) شرح عبد الله بن يوسف ابن هشام على مختصره
4°, c. 140 Bl.   Magreb. Abschr.

497. شرح الجواهر البهية فى الفرايض والوصية
لمحمد بن محمد بن محمود الازهري الحنفى
4°, c. 200 Bl.   »   1164

498. شرح البردة
لمحمد بن حسن القدسي البرموني
4°, c. 120 Bl.   »   991

499. مختصر القواعد
لمحمد بن ابراهيم بن محمد البقوري الصوفى السبتى
gr.-4°, c. 200 Bl.   »   878

500. }
501. } حياة الحيوان للدميري
fol., c. 300 u. 350 Bl.   Bd. I u. II.   »   1275

502. شرح على الفية العراق، وهو المسمي بفتح الباقى
لزكريا بن محمد الانصاري
4°, c. 260 Bl.   »   1184

503. انس الجليس فى جلو الخناديس عن سينية ابن باديس
لابي العباس احمد بن الحاج
4°, c. 120 Bl.   Magreb. »   1229

504. عقيدة اهل التوحيد لمحمد السنوسي
4⁰, c. 20 Bl.   Magreb. Abschr. c. 1200

505. منظومة فى سيرة النبي عمّ‘ ارجوزة
لابي الحسن السخاوي
8⁰, c. 20 Bl.   Magreb. » c. 1150

506. شرح الورقات فى اصول الفقه
للجلال المحلّي
8⁰, c. 10 Bl.   » c. 1200

507. شرح الورقات للجلال المحلّي
8⁰, c. 12 Bl.   » c. 1200

508. شرح الورقات لاحمد بن قاسم العبادي الشافعي
4⁰, c. 100 Bl.   » 1143

509. النصيحة الكافية لمن خصّه الله بالعافية
لاحمد بن احمد بن محمد بن عيسى البرنسى الفاسي زروق
8⁰, c. 19 Bl.   Magreb. » c. 1200

510. الجملة المهدية فى شرح الابيات القطربية
لمحمد بن محمد بن عيسى البراري الزرعي
8⁰, c. 8 Bl.   Magreb. » c. 1200

511. قصايد لعبد السلام القادري الحسني
8⁰, c. 10 Bl.   Magreb. Abschr.

512. مسائل مع جوابها
لعبد الله بن محمد الكنكسى المالكي
8⁰, 10 Bl.   » »

513. Ueber die Tradition: Schenkung des بلد الخليل
احمد ابن حجر العسقلانى von تميم الداري an den
8⁰, 10 Bl.   » »

514. مسائل وجوابها لنجم الدين محمد الغيطلى
8⁰, 5 Bl.   » »

515. Abhandlung, dass die Religion es verlange, dass
man die Araber lieb habe. In 20 Kapp.
8⁰, c. 10 Bl.   Magreb. Abschr. 1079

516. 1) ارجوزة فى سيرة النبى
80, 2 Bl. Magreb. Abschr. c. 1150

2) كّ لجموع فى علم الموسيقى والطبوع، ارجوزة
80, 5½ S.

3) الاعراف فى سرحى الاسرار من الاوفاف، ارجوزة
80, 4 Bl.

517. 1) ر " فى العمل بالاسطرلاب
80, 4½ Bl. Magreb. Abschr.

2) بغية الطلاب فى علم الاسطرلاب، ارجوزة
لمحمد بن احمد بن الحبّاك
Nur 3 S. vorhanden.

518. بلوغ الارب بشرح قصيدة من كلام العرب
وهو شرح على قصيدة للسموءل بن عاديا،
لاحمد السجاعى الشافعى الازهرى
40, 4 Bl. Abschr. 1177

519. شرح على الرسالة فى الجهاد وغيره ؟
لابى الحسن على المالكى 80, c. 150 Bl. » 1221

520. 1) تحفة السامعين والناظرين بمولد سيّد المرسلين
لنجم الدين الغيطى
40, c. 30 Bl. » 1076

2) خلاصة الفكر فى شرح المختصر
فى مصطلح اهل الاثر
لعبد الله بن محمد الشنشورى
c. 80 Bl. » c. 1100

3) شرح نخبة الفكر لابن حجر العسقلانى
c. 60 Bl. » 1099

4) حاشية على النخبة وشرحها
لمحمد بن محمد بن ابى شريف
c. 15 Bl. » 1073

5) شرح نخبة الفكر لابن حجر
(s. no. 520³).) » c. 1100

521. شرح نظم اللآلى فى علم الفرايض للتاج الجعبرى
لاحمد ابن المجدى
40, c. 180 Bl. » 993

4

522.   شرح على الفية ابن مالك فى النحو
لعبد الرحمن بن على بن صالح المكودي
8⁰, c. 200 Bl.   Magreb. Abschr. c. 1100

523.   مدارك الاحكام فى شرح شرايع الاسلام
لمحمد بن على بن الحسين بن ابى الحسن الحسينى
fol., c. 300 Bl.   Abschr. c. 1100

524. 1)   ك″ فى فضايل الاعمال
لضياء الدين محمد بن عبد الواحد المقدسي
4⁰, c. 65 Bl.   »   1272

   2)   الفروع السملاوية فى الطلاق
لعبد المعطي السملاوي
4⁰, c. 80 Bl.   »   1272

   3)   تلخيص الاحرا فى حكم تعليق الطلاق بالابرا
لابن حجر الهيتمى
4⁰, c. 10 Bl.   (s. no. 378.)

   4)   منظومة فى الطلاق مع شرحها
لاحمد بن محمد بن مصطفى الدمنهوري
4⁰, 50 Bl.

525.   الفتح المبين شرح الاربعين
لابن حجر الهيتمى
4⁰, c. 240 Bl.   »   1110

526. 1)   سلوان المطاع
8⁰, c. 40 Bl. (das Uebrige des Bandes meistens
4⁰, c. 300 Bl.). Hört auf im 5. Kapitel.

   2) Einige Blätter astronom. Tafeln u. Angaben.

   3)   ك″ فى مدح كل شىء وذمه
للثعالبي

   4)   ك″ المقتبس لابن دريد

   5) Qaçîden von الشنفرى, كعب بن زهير u. ابو زكرياء,
nebst Versen über die Metra von محمد المصري

   6) ر″ فضل الحق فى الرد على القايلين بحركة الارض
u. A. auch astronom. Fragmente.

   7) قصايد لسعد الدين محمد بن محيى الدين ابن عربي
9 Bl.

526. 8) مختار من ديوان نور الدين ابن عارون
وهو المعروف بابن صاحب تكريت 7 Bl.

9) مختار من ديوان الشريف الرضي
18 Bl.

10) القول الجلي في حديث الولي
للسيوطي 4⁰, 4 Bl.

11) نبذة من كرامات السيدة المطهرة نفيسة
c. 20 Bl.

12) Zur Geschichte der frühesten Eroberungen im Islām. c. 100 vereinzelte Blätter.

13) Stück aus einem شرح شواعد wahrscheinlich zu einer Rhetorik. c. 50 Bl.

527. حواشى على الفوايد الضيائيّة،
لعبد الغفور
4⁰, c. 100 Bl. (s. no. 616.)   Abschr. c. 1150

528. 1) دستور اصول الميقات وتتيبجذ النظر في
تحرير الاوقات
fol., c. 10 Bl.   »   1229

2) Astronomische Tabellen. 4⁰, 56 Bl.

529. مصابيج ارباب الرياسة ومفاتيج ابواب الكياسة
للشيخ ابراعيم الحلبي
4⁰, c. 90 Bl. Schluss des Werkcs.   »   1298

530. 1) كنز القوم والسرّ المكتوم للغزالي
4⁰, 4 Bl.   »   c. 1200

2) ر " الاكسير في البسط والتكسير
لعبد الرحمن بن محمد الصالحى الجوهري
2 Bl.

531. مولد النبي للبرزنجى
4⁰, c. 8 Bl.   »   1275

532. Modernes Compendium über Formlehre. c. 10 Bl.   »   c. 1280

533. 1) Bruchstück aus einem biographischen Werkc.
4⁰, c. 10 Bl.   »   c. 900

2) Bruchstück über alte Philosophen und Logik.
8⁰, c. 10 Bl.

4*

534. ك" الزيارات وذكر الانبياء والصحابة
لعلى بن ابي بكر الهروي
8°, c. 50 Bl. (Beginnt mit واعمالها حلب).   Abschr. 1050

535. 1) مختصر فى التصريف
لاحمد بن على بن مسعود
8°, c. 25 Bl.   »   1157
2) ر" فى التصريف
8°, c. 12 Bl.   »   1157

536. حواشى على شرح جمع للجوامع للجلال المحلى
لعلى بن احمد البخاري الشافعي
4°, c. 250 Bl.   »   c. 1170

537. Uebersetzung des كلستان von Surūrī. 4°, c. 200 Bl.   »   c. 1100

538. شرح على الشجرة النعمانية لابن العربي
4°, 6 Bl.   »   c. 1200

539. شرح الكافية فى النحو للرضي
4°, c. 300 Bl.   »   963

540. 1) ر" فى العقايد لمحمد بن اسعد الدواني
kl.-8°, im Ganzen c. 150 Bl.   »   c. 1000
2) ر" الهياكل
(Anf. fehlt, c. 7 Bl.)
3) ر" فى الهندسة والهيئة
4) ر" فى تحرير المنطق والكلام

541. عمدة العرفان فى وجوه القران
لمصطفى بن عبد الرحمن الازميري
4°, c. 60 Bl.   »   1159

542. تفسير القران
8°, fol. 70—532. (Anf. fehlt.)   »   c. 900

543. Aus dem 3ten Theile des ك" وفيات الاعيان
8°, c. 100 Bl.   »   c. 900
und 90 Bl., ebenfalls zu dem Werke gehörig.

544. امالى فى فنون العلوم
لمحمد بن احمد بن عثمان الدماميني
8°, 7 Bl.   »   1094

545.   بغية المرتاد لتصحيح الصاد
لعلى بن غانم المقدسي
4°, 9 Bl.   Abschr. 1281

546.   اخلص للخالصة
لعلى بن محمود بن محمد الرايض البذخشانى
8°, c. 60 Bl.   » 852

547.   مختصر متن المنار فى اصول الفقه
لطاهر بن حبيب الحلبي
8°, 7 Bl.   » 1143

548.   شرح اللمع فى علم الحساب لابن الهايم
لسري الدين بن احمد بن محب الدين الدري المالكي
4°, c. 35 Bl.   » 1229

549.   الفتوحات الالوهية شرح الاربعين النووية
لابراهيم بن مرعي بن عطية الشبراخيتى المالكي
4°, c. 360 Bl.   » 1274

550. **Persischer Diwan.** 8°, c. 60 Bl.

551. 1)   ضوء المعالي شرح بدء الامالي
لعلى بن محمد القاري
8°, c. 35 Bl.   no. 1 c. 30 Bl.   » c. 1100

2)   رحيق الفردوس فى حكم الريق والبوس
لابراهيم بن سليمان الازهري الحنفي
6 Seiten.

3)   الر" المختارة فى مناهي الزيارة
3¹/₄ Seiten.

552.   متن الحكم العطائتية
4°, c. 15 Bl.   » 1099

553.   متن الحكم العطائتية
4°, c. 15 Bl.   » c. 1250

554. Sammelband von c. 20 Abhdl. philosophischen u.
çûfischen Inhalts.

555.   نبذة من صحيح البخاري
4°, c. 70 Bl.   » c. 700

556. 1) **Türkisch.** (مجموعة أنبياء عظام وأولياء كرام)
c. 10 Bl.

2) نور الشمعة فى بيان ظهر الجمعة
لعلي المقدسي
8°, c. 20 Bl.   Abschr.   1165

3) شرح البسملة لزكرياء الانصاري،
لاحمد بن عبد الحق السنباطي
c. 40 Bl.   »   c. 1150

557. الفتح المبين بشرح الاربعين
4°, c. 160 Bl.   »   c. 1000

558. 1) الر" الفتحية فى الاعمال الحبيبة
لسبط المارديني
4°, c. 7 Bl.   »   977

2) الفتوحات الوهبية شرح الر" الفتحية
لعلى بن عبد القادر النبتيتي
4°, c. 35 Bl.   »   c. 1200

559. شرح على قصيدة الشنفري
للعكبري
8°, c. 12 Bl.   »   c. 900

560. ر" فى معنى الحروف
للخليل بن احمد النحوي
8°, 3½ Seiten.   »   c. 900

561. مسائل فى الفقه
8°, c. 18 Bl.   »   c. 600

562. 1) تسهيل العروص فى علم العروص
لعبد الملك العصامي
4°, c. 15 Bl.   »   c. 1100

2) منظومة فى العروص اولها
ان خفت ان تنسى العروص فانني .... يا شاعرُ
4°, 2 Seiten.   »   c. 900

3) رسالة الي محمد بن يزيد الثمالى النحوي فى البلاغة
لاحمد بن الواثق
4°, 3 Seiten.

563. قرة العين فى مساحة ضرف القلتين
4°, 15 Bl.   »   1093

— 55 —

564. حاشية على الكافية:
لحاج بابا بن بن ابراهيم بن عبد الكريم انطوسيويسى
8°, c. 140 Bl. Abschr. c. 1100

565. الدرر اليتيمة الكاملة المتعلقة بالشهور الثلاثة الفاضلة
لخليل بن شمس الدين بن محمد لخضري الشافعى الرشيدي
4°, c. 275 Bl. Abschr. 1261

566. ديوان ابن النحاس
4°, c. 65 Bl. » 1222

567. شرح على شرح لجلال لمحلّى على الورقات
لابن قاسم العبادي
4°, c. 200 Bl. » 996

568. ك" المختار المسمى بانوار ربيع الابرار
لاحمد بن عبد العزيز العجمى الشافعى
4°, c. 200 Bl. » 732

569. مغنى اللبيب لابن هشام
4°, 325 Bl. » 851

570. الدرر لجوهرية فى شرح لحكم العطائية
4°, c. 150 Bl. » 1010

571. حاشية على شرح العصام على الر" السمرقندية
لمحمد الصبان
4°, c. 80 Bl. » 1195

572. شرح الدّور الاعلى لابن العربي
لمحمد الفاسى المغربي
4°, c. 8 Bl. (cf. no. 578.) » 1242

573. حاشية على شرح الورقات للجلال المحلي
لاحمد بن احمد بن عبد الحق
4°, c. 40 Bl. » c. 1150

574. Astronomische Tabellen von ابن يونس الحاسب
8°, c. 16 Bl. » c. 820

575. ك" فى الطب
4°, c. 20 Bl. (In 10 باب). » 1161

576. مولد النبي عم للامام الواقدي
8°, c. 20 Bl. » c. 1200

577. عيون الاخبار
4°, c. 60 Bl. » 1184

578.   الدور الاعلي والدر الاغلا   لابن العربي
8°, 3 Bl.   Abschr. c. 1100

579.   الفتح النبوي بشرح عقيدة علوان الحموي
لمحمد بن محمود البيلوني
8°, c. 18 Bl.   »   c. 1100

580.   (1   ر" فى طريق السادة السعدية، المسمّاة
بالرسالة المحمدية فى طريق السادة
السعدية
4°, c. 50 Bl.   »   c. 1150

(2   البردة   للبوصيري

(3   وصية ابليس لرسول الله

(4   دعاء

581.   بلوغ القصد والمنى فى خواص اسماء الله الحسنى
وهو شرح على قصيدة ابن الدمياطي
8°, c. 100 Bl.   »   c. 1150

582.   قلايد المرجان فى الناسخ والمنسوخ من القران
لمرعي بن يوسف بن ابى بكر المقدسي
4°, c. 50 Bl.   »   1188

583.   ك" الزهر الفايح فيمن تنزّه عن الذنوب والقبايح
لمحمد بن ابي الفرج محمد الجوزي
4°, c. 60 Bl.   (s. no. 185.)   »   1278

584.   (1   شرح الامالي
لشرف الدين قاسم الحنفي
8°, c. 20 Bl.   »   c. 850

(2   ارجوزة فى الفقه، اولها
الحمد لله العظيم ني الكمال . . . . والجمال
8°, c. 75 Bl.   »   c. 900

585.   ديوان مديح بنى المرادي
4°, c. 65 Bl.   »   c. 1200

586.   مولد النبي   للواقدي
4°, c. 35 Bl.   (s. no. 576.)   »   1200

— 57 —

587. 1) النفحات السرية ولطايف العلوم الخفية
لعزّ الدين محمد بن جماعة
4°, c. 25 Bl.　　　　　　　Abschr. c. 1100

　2) غاية المغنم فى الاسم الاعظم
لعلى بن محمد بن عبد العزيز ابن الدريهم
4°, c. 100 Bl.　　　　　　　»　c. 1100

588. حاشية على المواهب اللدنية
لعلي الشبراملسي
c. 350 Bl. I. Thl. (s. no. 21.)　　　»　1075

589. Sammelband: **Persisch** und **Türkisch.**

590. مفتاح الكنوز وايضاح الرموز
لشمس الدين محمد بن خليل بن ابي بكر الحلبي القباقبي
kl.-8°, c. 100 Bl.　　　　　　　»　1193

591. 1) عوامل جديد لبركوي
4°, c. 10 Bl. (s. no. 480³).)　　　»　c. 1200

　2) ر" فيما يحتاج البه كل معرب اشدّ الاحتياج
4°, c. 20 Bl. (s. no. 480²).)

592. 1) شرح على التصريف
8°, c. 20 Bl.　　　　　　　»　c. 1200

　2) شرح الامثلة المختلفة
لاحمد بن مصطفى لالي
8°, c. 50 Bl.

593. كشف القناع عن وجه الفاظ شبهة السماع
لعلي بن محمد المصري
8°, c. 70 Bl.　　　　　　　»　c. 1100

594. مناهل الصفا فى تخريج احاديث الشفا
للسيوطي
4°, c. 80 Bl.　　　　　　　»　c. 1050

595. الذريعة الي نصرة الشريعة، قصيدة
لاسماعيل بن ابي بكر المقري الشغدري
4°, 3½ Bl.　　　　　Magreb. »　c. 1200

596. **Persisch.** (مناهج العباد)

597. ر" فى زيادة النبيل ونقصه
4°, 9 Bl.　　　　　　　»　c. 1200

598. الفتاوي الزينية فى مذهب الحنفية
لزين بن نجيم الحنفى
4⁰, c. 100 Bl.   Abschr. c. 1000

Nebst vielen Abhdl. Anderer, z. Thl. **Persisch.**

599. متن الوسيلة فى علم الحساب الهوائي
لابن الهائم
4⁰, c. 30 Bl.   »   1122

600. ديوان احمد بيك الكيواني
8⁰, c. 40 Bl.   »   c. 1150

601. كتاب فى الطبّ
4⁰, c. 250 Bl.   »   1199

602. حاشية على المواقف
kl.-8⁰, c. 300 Bl.   »   893 ?

603. ر" فى معرفة الله من طريقة الدمرداشية مع فوايد اخر
لعلى البيّومىّ
kl.-8⁰, c. 40 Bl.   »   1144

604. افتراص دفع الاعتراص
لقطب الدين الخيضرى الشافعى
4⁰, c. 20 Bl.   »   1037

605. فتح المنان فى الاجوبة الثمان فى غرايب النحو
ليحيى بن محمد بن محمد بن عبد الله ابن شبل
8⁰, c. 35 Bl.   »   1154

606. انوار الدرر فى ايضاح الحجر للجلدكي
kl.-8⁰, c. 30 Bl.   »   c. 1100

607. 1) شرح وصية عبد القادر الجيلي
8⁰, c. 14 Bl.   »   c. 900

2) رقعة من بهجة الاسرار ومعدن الانوار
لعلى بن يوسف بن جرير اللخمى الشافعى
8⁰, c. 20 Bl.   »   c. 900

3) دعاء

608. مختصر البارع المدخل الي احكام النجوم والطوالع
للحسن بن على القيمى ابي نصير المنجم
kl.-8⁰, c. 40 Bl.   »   c. 1200

609. ر" فى الحكم بالصحة والحكم بالموجب
لابي زرعة احمد بن عبد الرحيم العراقى
kl.-8⁰, 12 Bl.   »   892

610.
فتح الجواد بشرح منظومة ابن العماد
للشيخ محمد
4°, c. 50 Bl. Abschr. c. 1200

611.
شرح النخبة لابن حجر العسقلاني
4°, c. 25 Bl. » 1223

612.
شرح على لمع الادلة في قواعد عقايد اهل السنة والجماعة
لشرف الدين عبد الله بن محمد بن على الفهري
4°, c. 90 Bl. Magreb. » c. 1100

613.
شرح على المنار
لعبد اللطيف بن فرشته
8°, c. 200 Bl. » 1094

614.
مجموع اجازات من القرن الثاني عشر
8°, c. 20 Bl. » c. 1270

615.
شرح على ك" منازل السايرين
لعبد الله الهروي
4°, c. 120 Bl. » c. 1100

616.
حاشية على الفوايد الضيائية شرح عبد الرحمن الجامى'
لعبد الغفور
4°, c. 80 Bl. » c. 1150

617.
ر" في توجيه النصب في قولهم فلان لايملك درهما فصلا عن دينار
لجمال الدين ابن هشام
4°, 5 Bl. » 1220

618.
ر" في معرفة الروح والجسم
4°, c. 12 Bl. » c. 1250

619.
شرح مقدمة البيان في اصول الفقه
لعبد الله بن ابي القسم النجري
4°, c. 40 Bl. » c. 1200

620.
كشف الاسرار شرح الاظهار
8°, c. 50 Bl. » 1104

621. Türkisch. (ك" الاطوار في التصوف)

622.
شرح على القواعد لابن هشام
لابي الثنا احمد بن محمد
4°, c. 60 Bl. » c. 1150

623.
دقايق الاخبار
8°, c. 50 Bl. » c. 1150

624.
الاسعاف في احكام الاوقاف
4°, c. 90 Bl. » c. 1200

625.   شرح مفتاح العلوم   للشريف للجرجانى
     4⁰, c. 300 Bl.   Abschr.   848

626.   شاق العليل فى لخمس المئة الآية من التنزيل
     لعبد الله بن محمد الناجري
     4⁰, c. 120 Bl.   »   1027

627.   درر الاحاديث النبوية بالاسانيد الجيوية
     رواية الامام يحيى بن لحسين بن القسم،
     لتقى الدين عبد الله بن محمد بن حمزة بن ابي النجم
     4⁰, c. 70 Bl.   »   1088

628.   تسلية الاحزان وتصلية الاشجان
     لمصطفى البكري الصديقى لخلوتى
     4⁰, c. 40 Bl.   »   1224

629.   تحفة الاكمل والهمام المصدر لبيان جواز لبس الاحمر
     لحسن بن عمار بن على الشرنبلالى
     4⁰, c. 8 Bl.   »   1073

630.   مجموع اجازات
     4⁰, c. 20 Bl.   Abschr. 1172/1199

631. 1) **Türkisch.** (در توحيد بارى عزّ شانه)
     8⁰, c. 110 Bl. im Ganzen.

     2)   الاربعين للنواوي مع اضافة
     لزين الدين عبد الرحمن البغدادى
     c. 10 Bl.   Abschr. c. 1200

     3) Je 100 Aussprüche von ابوبكر، عمر، عثمان وعلىّ
     c. 35 Bl.

632. كّ القناعة فيما يحسن الاحاطة من اشراط الساعة
     لمحمد بن عبد الرحمن السخاوي
     4⁰, c. 20 Bl.   »   1120

633.   رّ العقلة   لابن العربي
     8⁰, c. 16 Bl.   »   1100

634.   اجازة لعطية الاجهوري
     4⁰, 6 Bl.   »   c. 1200

635. ثبت محمد بن احمد بن عمر بن محمد الاسقاطي ابي السعود
     4⁰, c. 18 Bl.   Abschr.   1191

636. 1)   رّ فى فن المناظرة
     لمحمد ساجقلى زاده
     4⁰, 16 Bl.   »   1179

     2)   شرح الرّ العضدية
     4⁰, c. 18 Bl.   »   1172

651. رسالات فى الكلام والدين الخ لبعضهم
8⁰, c. 30 Bl.   Abschr. c. 1150

652. نشر الطوالع
لمحمد المرعشى ساچقلى زاده
4⁰, c. 130 Bl.   » c. 1150

653. ر" فى خصوصيات الجمعة
8⁰, c. 25 Bl.   » c. 1150

654. 1) شرح ام البراهين
لمحمد بن منصور الهُدْهُدى
4⁰, c. 30 Bl.   » c. 1200

2) اتحاف المريد بجوهرة التوحيد
لعبد السلام بن ابراهيم اللقانى
4⁰, c. 70 Bl.   Autogr. c. 1040

3) شرح الرحبية لسبط الماردينى
4⁰, c. 30 Bl.   Abschr. 1182

655. شرح الآجرومية لخالد بن عبد الله الازهرى
kl.-8⁰, 63 Bl.   » 1174

656. 1) الارشاد للعلم بخواصّ الاعداد
لمحمد بن على بن محمد الشبرملسى المالكي
4⁰, 34 Bl.   » c. 1100

2) ر" فى تلخيص مسائل الربع الكامل
4⁰, fol. 37—45.

3) الجوهرة البهية فى معرفة الاوقات الليلية والنهارية
لعبد المنعم النبتيتى الحسينى الحنفى
4⁰, fol. 46—50.

4) نتيجة الافكار فى عمل الليل والنهار
لمحمد بن محمد اللادقى
4⁰, fol. 51—71.

657. الفوائد الضيائية
8⁰, c. 250 Bl.   » 1094

658. زوال الترح فى شرح منظومة ابن ثرح
8⁰, 3 Bl.   » c. 1100

659. ك" الناموس الاعظم والقابوس الاقدم فى معرفة قدر النبي
للكيلانى
4⁰, c. 10 Bl.   » c. 1150

660. 1) حاشية عبد الله اليزدي على حاشية الخطائى
على مختصر المعانى للتفتازانى
8°, c. 70 Bl.   Abschr. c. 1150

2) حاشية الخطائى على المختصر
8°, c. 60 Bl.   » c. 1100

661. قمع الحرص بالزهد والقناعة وذل السؤال بالنتب والشفاعة
لمحمد بن احمد بن ابي بكر الانصاري الخزرجي القرطبي
4°, c. 70 Bl.   » 1212

662. منهاج العابدين
4°, c. 100 Bl.   » 961

663. **Persisch** (عجائب المخلوقات)

664. اشارات المرام من عبارات الامام
لكمال الدين احمد بن حسام الدين بن سنان الدين يوسف
8°, c. 150 Bl.   » c. 1100

665. شرح الرسالة القرطبية وهي ارجوزة
لاحمد بن احمد بن عيسى البرنوسى الفاسى المعروف بزروق
8°, c. 40 Bl.   » c. 1150

666. مختار الصحاح
لمحمد بن ابي بكر بن عبد القادر الرازي
4°, c. 120 Bl.   » 911

667. **Persisch** (شرح كلستان ليعقوب بن علي)

668. اجازات لمحمد بن ابراهيم بن خليل النتائى المالكي
4°, 5 Bl.   » 880

669. 1) ك" فى اصول صناعة احكام النجوم
للكيا السعيد كوشيار بن لبان بن باشهري الجبلي
8°, c. 32 Bl.   » c. 970

2) التبصرة فى علم الهيئة
لعبد الجبار بن محمد الثابتي الخرقى
8°, c. 50 Bl.   » 976

670. Sammelband, hauptsächlich die gewöhnlichen
grammat. Werke enthaltend. 8°, c. 200 Bl. Abschr. c. 1100/1200

671. ر" فى الطاعون
4°, c. 15 Bl.   Abschr. c. 1200

672.   قمع النفوس   لابن عطاء الله
4⁰, c. 20 Bl.   Abschr. 994

673.   شرح الاربعين للنووي
للصدر القونوي ؟
8⁰, c. 50 Bl.   » c. 1000

674.   كشف القناع عن شواد الطلاق والاختلاع
لمحمد بن محمد شهيد الشافعى المنفلوطى
4⁰, c. 50 Bl.   » 1218

675.   زاد المساكين الي منازل السالكين
لعلى بن احمد الكبزوانى
8⁰, c. 10 Bl.   » c. 1200

676.   ر" الانوار   لابن العربي
8⁰, c. 15 Bl.   » c. 1100
Vielleicht auch ein Stück eines Werkes von
darin. عبد السلام بن ابي القسم السلمي

677.   شفاء الجنان باحكام الشياطين والجان
لعلوي بن احمد بن عبد الرحمن السقاف
8⁰, c. 11 Bl.   » c. 1200

678.   شرح الوسيط   لاحمد بن نسر بن مسعود العنسى،
لعلم الدين قاسم بن محمد بن قاسم
4⁰, c. 50 Bl.   » c. 1100

679.   شرح الفصوص   لداود القيصرى
hoch-8⁰, c. 200 Bl.   » 1068

680.   هداية المرتاب واعانة الحفاظ والطلاب
لعلى السخاوي
4⁰, c. 25 Bl. (s. no. 252³.)   » 1263

681.   تحصيل المرام فى تفضيل الصلاة على الصيام
لكمال الدين محمد بن طلحة بن محمد بن الحسن الشافعى
4⁰, 5 Bl.   » c. 1100

682.   فتح الرحمن بشرح رسالة الولي رسلان
4⁰, 9 Bl.   » c. 1200

683.   ك" ايام الشان
4⁰, 9 Bl.   » 1289

684. الرّ" المحمدية فى الرّد عن السادة السعدية
kl.-8⁰, c. 54 Bl.   Abschr. 1285

685. Sammlung der Traditionen im الصحيح des Moslim,
deren Rāwī ist: ابو ايوب خالد بن زيد الانصاري
8⁰, c. 12 Bl.   » c. 1000

686. سفينة النجاة والشفا لمن ارتجاه
لاحمد المحمدى طوغان شيخ الاشرفية برسباي
8⁰, c. 35 Bl.   » c. 1000

687. شرح على الهداية لاثير الدين الابهري
لحسين بن معين الدين الميبدي
4⁰, c. 100 Bl.   » 1124

688. شرح على الرسالة فى علم الآداب لمحمد بن الحاجى حميد الكفوي'
لعمر بن حسين القرهحصاري
8⁰, c. 12 Bl.   Abschr. c. 1250

689. مفتاح المعية شرح الرّ" النقشبندية
لعبد الغنى بن اسماعيل النابلسى
8⁰, c. 50 Bl.   » c. 1150

690. شرح على مفتاح الفلاح فى التقوي
8⁰, c. 90 Bl.   » 1125

691. 1) شرح على الرسالة الاثيرية
للغناري
8⁰, c. 30 Bl.   » c. 1150

2) شرح آخر على هذه الرسالة
8⁰, c. 40 Bl.   » c. 1200

692. 1) مطارح الدواربن مع كشف احوال الراقصين
8⁰, c. 50 Bl.   » c. 1200

2) رّ" فى تعريفات المحققين للحمد بانواع التعريفات
8⁰, 10 Bl.   » c. 1200

693. اجازات ومصنفات للشيخ الامير الكبير اليمنى
fol., c. 50 Bl.   » c. 1200

5

694. Sammelwerk des احمد القُطْبِي الذَهَبِي
    fol., c. 120 Bl. (à 7 Zeilen).   Abschr. 893

1) استفتاح المواهب فى التوحيد بسورة الكهف
المنتخب من حزب النور وحزب التحريم للشاذلي

2) حزب سورة يٰس

3) حزب المناجاة للذاكرين

4) فايدة جليلة فى حساب ليلة القدر
للامام الحربي

5) جوابات الامثال من القرآن
للامام الشافعى

6) مديح شريف على حروف المعجم
لابي زيد عبد الرحمن ابن يَخْلَفْتَنْ الفارازي

695.   كشف الحذر عن امر الخضر
لعلى بن سلطان محمد القاري
    8⁰, c. 10 Bl.   Abschr. c. 1100

696.   شرح على العقيدة السنوسية الصغري
لابي مهدي عيسى بن عبد الرحمن السكتاني
    8⁰, c. 100 Bl.   »   1150

697.   خلاصة الاعراب حواشى
لحاج بابا بن حاج ابراهيم بن عبد الكريم بن عثمان المطومسي
    8⁰, c. 110 Bl.   Abschr. 1073

698.   متن مفتاح العلوم
    8⁰, c. 100 Bl.   Thl. I u. II.   Vom 3. Thl. nur
    2 schadhafte Seiten.   »   c. 1200

699.   الطريقة المحمدية
    8⁰, 202 Bl.   »   1086

700. 1) شرح على اشكال التاسيس
    8⁰, c. 30 Bl.   »   c. 1100

2) شرح على اصول الهندسة لاقليدس

701.   منتهى المقال فى شرح حديث لا تشدّ الرحال
لمحمد صدر الدين الملقب بصدر الصدور
    8⁰, 92 Bl.   Lithogr. 1264

702. 1) متن الاجرومية
4⁰, c. 10 Bl.   Abschr. c. 1200

2) ك" المسالك
28 Bl.   »   1177

3) Rhetorisches Compendium. c. 8 Bl.   »   c. 1180

4) Ein anderes Werk dess. Inhalts. c. 8 Bl.   »   1183

5) شرح على ر" الاستعارة للقشجى
لاسماعيل الايوالي
c. 22 Bl.   »   1220

6) شرح على ر" الاستعارة
لعصام الدين بن محمد
c. 20 Bl.   »   c. 1220

703.   مختصر فى الفقه
8⁰, 148 Bl.   »   1194

704. Sammelband. 8⁰, c. 200 Bl.   »   c. 1000

Darin:

1) ر" فى تدوين علم الكنوز والبروز

2) الطاري على زلّة القاري

3) اربعين حديثا   للقضاعي

4) انباء الامراء الابناء الوزراء

5) النفحة الزنبقية فى الاسئلة الدمشقية

u. einiges Andere. Das Meiste wol von ابن طولون

705. 1) نور لحدى فى لبس لخرت
لاحمد بن محمد الكركي جلال الدين
4⁰, im Ganzen c. 180 Bl.   Abschr. c. 1200

2) الفتح الذوق فى الكلام على بعض كرامات
ابراهيم الدسوق للكركي ايضا

3) الهدية الدسوقية فى توحيد رب البرية
للكركي

4) شرح بعض الاحاديث   للكركي

5*

706. Sammelband. 4⁰, c. 200 Bl.

1) ر" فى خواص للحروف   Abschr. 1053
   c. 200 Bl.

2) تفسير سورة الفتح لعبد الله بن ابراهيم الكورانى   » 1059

3) تخميس على قصيدة ابن الوردي التى اولها
اعتزل ذكر

4) قصايد ومنظومات
لمحمد بن على بن احمد بن ابراهيم بن محمد
السودي الهادي
  c. 50 u. 50 Bl.

707. قواعد الاعراب لابن هشام   » c. 1200
  8⁰, c. 12 Bl.

708. موصل الطلاب الى قواعد الاعراب   » c. 1200
  8⁰, c. 30 Bl.

709. الرسالة الشريفة   » c. 1150
  8⁰, c. 45 Bl.

710. Sammelband. 4⁰, c. 180 Bl.   » c. 1150

Darin unter Anderem:

1) حياة القلوب	6) ك" المسالك
2) منهاج المتعلمين	(s. no. 702²).)
3) اثبات الواجب	7) الكافية
4) ر" فى الآداب	8) التبيين والايضاح
5) ر" فى علم البيان	بشرح عوامل جديد

711. Sammelband. 8⁰, c. 100 Bl.   Abschr. c. 1060

1) شرح على رموز الشجرة النعمانية لابن العربي،
للصلاح الصفدي

2) اللمعة النورانية فى حل مشكلات الشجرة النعمانية

3) قصيدة ليوسف الباجو
  c. 12 Bl.

4) قواعد السرية فى حل مشكلات الشجرة النعمانية
لاحمد بن محمد المقري المالكى

712. 1)   الاشارة الى علم العبارة
لمحمد بن احمد بن عمر السالمي
4°, c. 120 Bl.   Abschr.   1103

2)   قصّة ابراهيم مع. نمرود
4°, c. 50 Bl.   »   1103

713. 1)   مطالع الانظار فى شرح طوالع الانوار
8°, c. 240 Bl.   »   872

2) Glosse zu einem ungenannten Werke, wahrscheinlich zu no. 713 [1].   c. 20 Bl.   »   872

714. 1)   كيمياء السعادة لمن اراد للحسنى والزيادة
فى الصلاة على النبى
لمحيى الدين بن عبد الرحمن المقدسى الشافعى
8°, c. 10 Bl.   »   c. 1150

2)   الاربعين النووية مع ضبط الالفاظ المشكلة
8°, c. 30 Bl.   »   c. 1200

715.   برء الاسقام شرح قصيدة فى الانغام
لمحمد بن الخطيب الاربلى
8°, c. 45 Bl.   »   c. 1150

716.   القانون فى احكام العلم واحكام العالم واحكام المتعلّم الخ
للحسن بن مسعود اليونسى
4°, c. 140 Bl.   »   1148

717. Juristisches Werk, nebst ausführlichem Commentar.
Anfang fehlt.   gr.-4°, Bl. 48—300.   »   1081

718.   ملتقى الابحر
لابراهيم بن محمد بن ابراهيم الحلبي
8°, c. 150 Bl.   »   1158

719.   اجازات فى فضل الوظيفة الزروقية
4°, c. 10 Bl.   »   c. 1200

720.   حاشية على البرجندي على شرح الجغميني
8°, c. 150 Bl.   »   999

721.   شرح على كـ" اللمعة فى حلّ الكواكب السيارة السبعة
لمحمد الحصري
4°, c. 150 Bl.   »   1266

722.   الوافى بحلّ الكافى
8°, c. 60 Bl.   »   c. 1200

723.   شرح الجزرية في علم التجويد

    4º, c. 45 Bl.   Abschr. c. 1200

724.   مختصر في علم الحساب

    ليحيى بن محمد بن محمد الخطاب المالكي المكي

    4º, c. 15 Bl.   »   1154

725.   رّ في مسئلة من علم الحساب

    لحسن بن علي العجيمي المكي الحنفي

    4º, 9 Bl.   »   1178

726.   حاشية السيلكوتي على التصديقات

    4º, c. 65 Bl.   »   c. 1150

727.   اسامي الرواة في الحديث

    4º, c. 40 Bl.   »   1245

728.   الافهام في الالهام   لاحمد العلمي

    8º, c. 20 Bl.   »   c. 1200

729.   منهاج الهداية لاهل البداية

    4º, c. 25 Bl.   »   1260

730. 1)   تعليق على الفوايد الفتحية

    للفاضل حمزه افندي

    8º, c. 20 Bl.   »   1124

   2)   حاشية على الحاشية الفتحية

    لعمر بن احمد الجيلي

    8º, c. 50 Bl.   »   1124

   3)   حاشية على الرّ الفتحية والحاشية الفتحية

    ليحيى بن عمر منقار زاده

    8º, c. 30 Bl.   »   1124

731.   الجواهر الخمس للسيد محمد الغوث

    محمد بن خطير الدين بن بايزيد بن خواجه فريد العطا

    4º, c. 150 Bl.   »   1048

732.   شرح الفصوص   لبالى افندي

    8º, 315 Bl.   »   c. 1150

733.   المنح المكية في شرح الهمزية

    لابن حجر الهيتمي

    4º, c. 500 Bl.   c. 1200

734. 1) السراج الانور فى كيفية العمل بالربع المقنطر
8⁰, c. 20 Bl. Abschr. c. 1200

2) القول المهذب فى كيفية العمل بالربع المجيب
لنور الدين علي الخفاجي
8⁰, c. 30 Bl. » c. 1200

735. شواهد الربوبية فى المناهج السلوكية
لصدر الدين محمد الشيرازي
4⁰, c. 100 Bl. » c. 1100

736. الفوايد السنية فى اعراب امثلة الاجرومية
لنجم الدين بن يحيى الشافعى الفرضى الدمشقى
8⁰, c. 50 Bl. » 1084

737. اوراد الاسبوع لابن العربي
8⁰, c. 25 Bl. » c. 1100

738. اجازة للسيد محمد امين شهرى حافظ
8⁰, c. 10 Bl. » 1260

739. الاربعين للحسن بن محمود الرجاينى الاصبهانى
8⁰, 12 Bl. » c. 900

740. ‎"ر‎ فى تصحيح الاتقان للسيوطي
لنصر الهوريني
4⁰, 6 Bl. » 1288

741. 1) متن عقائد نجم الدين عمر النسفى
8⁰, 4½ Bl. » 1181
(Anfang: قال اهل الحق حقائق الاشياء)

2) نخبة الفكر فى اصطلاح اهل الحديث لابن حجر
4½ Bl.

3) الكافية فى النحو
23 Bl.

4) مقدمة فى التصريف
30 Bl.

742. ادب الاوصياء
لفضيل بن على الحمالي البكرى
8⁰, c. 100 Bl. » 1040

743. 1) الاعراب عن قواعد الاعراب لابن هشام
8⁰, c. 30 Bl. » 1092

2) الانموزج فى النحو
8⁰, c. 20 Bl. » 1094

744. ايضاح الغامض الكاشف لمعانى مفتاح الفائض فى علم الفرايض

لشمس الدين احمد بن محمد لخالدي

4°, c. 120 Bl.   Abschr. 1166

745. آداب السالكين الى طريق التمكين

لعبد المنعم بن عمر بن حسان لجليانى الغسانى

4°, c. 80 Bl.   »   723

746. منهاج الوصول الي علم الاصول

لعبد الله بن عمر البيضاوي

8°, c. 70 Bl.   »   1141

747. تنبيه المغترّبين اوايل القرن العاشر

لعبد الوهاب الشعرانى

8°, c. 200 Bl.   »   1150

748. الفوايد الطبّية الموافقة لطبّ البرية

لاحمد القليوبي

8°, c. 80 Bl.   »   c. 1200

749. المقرّر فى قراءة نافع

لناصر بن عبد لحفيظ بن عبد الله بن المهلا

4°, c. 80 Bl.   »   1145

750. ربيع الابرار فى الصلاة على النبى المختار

لابن قيم لجوزية

4°, c. 180 Bl.   »   1089

751. شرح المفتاح للسيد الشريف

8°, c. 120 Bl.   (Comment. zu Thl. III.)   »   c. 1150

752. Sammelband.   8°, c. 140 Bl.   »   c. 800

1) حلّال العُقَد فى بيان احكام المعتقد

لنجم الدين سليمان بن عبد القوي الطوفى

33 Bl.

2) تفسير سورة قٓ   له ايضا

3) ايضاح البيان عن معنى امّ القران

وفوايد اخر   له ايضا

4) جواب على مسئلة فى لحديث

اللهم صلّ على محمد .... كما صليت على آل

ابراهيم الخ

لابن تيميـة   u. einiges Andere.

753. التحقيقات القدسية والنفحات الرحمانية الحسنية
في مذهب السادة الحنفية
لحسن الشرنبلالي
8º, c. 300 Bl.   (I. Thl.; s. no. 795.)   Abschr. c. 1200

754. رقعة من ر" في يوم القيامة
4º, c. 25 Bl.   » c. 1200

755. ر" الاعتراض على ر" ابي الحسن السندى
في كلمة التوحيد
4º, c. 10 Bl.   » c. 1200

756. نميم العود بلغز العود
8º, 7 Bl.   » c. 900

757. ر" في استعمال كلمة الباء التي هي صلة التخصيص الخ
kl.-8º, c. 10 Bl.   » c. 1200

758. ر" في السلام وحكمه وتفاصيله
لعبد السلام بن احمد بن عبد المنعم البغدادي
8º, c. 12 Bl.   » 876

759. تذكرة السامع والمتكلم في ادب العالم والمتعلم
لمحمد بن ابراهيم بن سعد الله الكناني المصري
8º, 52 Bl.   » c. 1150

760. الروض النضر في حال الخضر
محمد بن محمد بن عبد الله بن الخيضري الشافعي الدمشقى
8º, c. 20 Bl.   » c. 1150

761. رواح الارواح شرح مراح الارواح
ليوسف بن عبد الملك بن بخشيش
8º, c. 80 Bl.   » 988

762. شرح الكافية للهندى
8º, c. 120 Bl.   » 1076

763. حاشية علي فوايد شهاب الدين بن شمس الدين
الهندي علي الرسالة في علم الاعراب لابن الحاجب،
لعيسى بن محمد بن حسن
8º, c. 50 Bl.   Autogr. 928

764. شرح طويل علي القصيدة الشاطبية
8º, c. 300 Bl.   Abschr. 920

765.   1)   رسالة العظمة
          4^0, 7 Bl.   Abschr. c. 1200

        2)   رسالة القربة
          4^0, 5 Bl.   »   c. 1200

766. حلية اهل الفضل والكمال باتصال الاسانيد بكمل الرجال
       وهي ثبت الشيخ اسمعيل العجلوني
       4^0, c. 100 Bl.   »   1190

767.   سند الشيخ احمد المرحومي
       8^0, 8 Bl.   »   c. 1200

768.   شرح ترجمان الاشواق   لابن العربي
       4^0, c. 100 Bl.   »   c. 1200

769. شرح مواقع النجوم ومطالع اهلّة الاسرار والعلوم
                  للقاشاني
       4^0, c. 100 Bl.

770.   خريدة العجايب وفريدة الغرايب
            لابن الوردي
       fol., c. 120 Bl.   »   888

771.   تفسير بعض سورة الدخان، من تفسير
               السمرقندي
       8^0, 5 Bl.   »   1118

772.   شرح فوايد الغياثية
            لطاشكبري زاده
       4^0, c. 150 Bl.   »   c. 1150

773.   حاشية على المواهب اللدنية
       لنور الدين علي الشبراملسي
       4^0, c. 300 Bl. (cf. no. 21 u. 843.)   »   c. 1150

774.   حاشية على شرح التجريد الجديد
       8^0, c. 150 Bl.   »   1015

775. حاشية الكشف علي(شرح)عصام الدين على الكافية
                   (حاشية)
                لمحمد افندي
       8^0, c. 90 Bl.   »   c. 1090

776. Anthologisches Werk, in viele روضة eingetheilt,
     in Prosa. Ohne Anfang und Schluss.
     8^0, c. 200 Bl.   »   c. 1200

777.   ك" الوافية فى شرح · الكافية

     8°, c. 200 Bl.   Abschr. c. 1150

778. 1)   القول البديع فى الصلوة على لحبيب الشفيع

        لمحمد بن عبد الرحمن السخاوي

       8°, c. 90 Bl.   »   1179

     2)   ر" سرّ الناظرين فى خواص القران

       8°, c. 40 Bl.   »   c. 1180

779.   حاشية على الكشاف

                 للسيد الشريف

     8°, c. 100 Bl.   »   c. 1200

780.   ك" فى السياسة والرّياسة

     8°, c. 60 Bl.   (Ohne Titel u. Verfasser.)   »   c. 1200

781.   الشقايق النعمانية   لطاشكپري زاده

     4°, 204 Bl.   »   1024

782.   الرياض المسكية للمكاتب الرشدية

       لسعد الدين محمد اللطفى لحسينى

     8°, 74 u. 90 Bl.   I u. II.   Abschr. 1288/1290

783.   الترتيب لجميل علي التركيب لجليل للتفتازاني

     8°, c. 50 Bl.   Abschr. 1095

784.   ك" الهداية

     8°, 398 Bl.   »   c. 1200

785.   ممدّ العابرين لما فيه من امداد السالكين

    وهو شرح على الرّ" فى الآداب لطاشكپري زاده

     8°, c. 20 Bl.   »   1116

786.   شرح مراح الارواح

     8°, c. 60 Bl.   »   c. 1150

787. **Türkisch.** [معرفتنامه   hoch-8°, 322 Bl.]

788.   بلوغ الآراب فى لطايف العتاب

           لمحمد بن احمد المقري

     8°, 97 Bl.   »   1242

789.   تحرير كتاب اصول الهندسة ولحساب المنسوب الى

      اقليدس الصوري   بايجاز غير مخلّ

     kl.-fol., c. 50 Bl.   »   c. 1000

790.   1)   شرح السنوسية

       8⁰, c. 200 Bl.   Abschr.   1191

    2)   شرح قصيدة عينية فى الصيد

       8⁰, c. 200 Bl.   »   1191

    3)   القصيدة الطغرائية

791.   حواشى على المواهب اللدنية

       4⁰, c. 200 Bl.   لمحمد الشوبرى   »   1237

792.   شرح على الرسالة الشمسية

       8⁰, c. 60 Bl.   لسعد الدين   »   1096

793.   كـ" الفنون التى يحتاج الي معرفتها المحدثون

       8⁰, c. 10 Bl.   ·   »   1099

794.   شرح للجامع الكبير

       4⁰, c. 500 Bl.   (Ein Theil des Werkes.)   »   c. 1200

795.   التحقيقات القدسية   لحسن الشرنبلالي

       8⁰, c. 250 Bl.   (Thl. II. s. no. 753.)   »   c. 1200

796.   خالصة الحقايق لما فيه من اساليب الدقايق

       fol., c. 100 Bl.   »   1065

797. 1)   الرسالة العادلية

        لمحمد المرعشى الملقب بساجقلى

       4⁰, 208 Bl. im Ganzen.   no. 1: 8 Seiten.   »   1133

    2)   رشيحة النصيح فى الحديث الصحيح

       200 Bl.   »   1128

    3)   ر" فى تفاصيل مسئلة السب

       7 Seiten.

798.   مختصر من نشر القراآت العشر

       8⁰, c. 220 Bl.   لمحمد بن محمد الجزري   »   c. 1100

799.   الكشف عن مجاوزة هذه الالف   للسيوطي

       4⁰, 4 Bl.   »   1154

800. البديعيّة   لصفى الدين الحلّي
    8⁰, 10 Bl.   Abschr. c. 1100

801. اللمعة فى حلّ السبعة، مختصر زيج ابن الشاطر
    لاحمد بن غلام الله بن احمد الكوم الريشى
    4⁰, c. 54 Bl. (s. no. 68⁴).)   » c. 1150

802. Collectaneen - Heft, auf Philosophie bezüglich.
    Werthlos.   hoch-8⁰, c. 300 Bl.   » c. 1100

803. 1)   تحفة الراغب ووسيلة الطالب
       fol., c. 50 Bl.   » c. 1150

    2) Poetische Sammlung, gemacht von
          محمد الحلبي الشهير بالرشيد
       fol., c. 140 Bl.   » c. 1150

804. 1)   متن الرّ″ الشمسية
       8⁰, 13 Bl.   »   1083

    2) ك″ التصوّرات والتصديقات مع الشرح
       8⁰, c. 130 Bl.   »   1199

805. 1)   الغاز   لابن هشام
       4⁰, 6 Bl.   »   1149

    2)   الغاز   لابن هشام
       4⁰, 5 Bl. [Von 1) verschieden.]   »   1149

    3) مجلى صدي البصر فى مسئلة القضاء والقدر
              لاحمد الجوهري
       4⁰, 2 Bl.   »   1149

806. Schachbuch, auf jeder Seite 2 Schachfelder, mit
    Angabe von Figuren-Stellung darin, aber meistens
    leer.   8⁰, c. 150 Bl.

807.   1)   قصيدة على حروف المعجم
         8⁰, c. 50 Bl. مع شرحها   »   939

    2)   سراج القلوب

    3)   وصية صوفية
       c. 20 Bl.

    4)   دقايق الاخبار
       c. 35 Bl.

— 78 —

808. Sammelband.   8⁰, c. 400 Bl.   Magreb. Abschr.

1)   بداية الهداية   للغزالي

2) مزيل اللبس عن آداب واسرار القواعد الخمس
      لمحمد بن على الخروبى الطرابلسى

3)   فى دعوات   فى كل يوم
      5 Bl.

4)   تقريب الناءي شرح على منظومة للجزنائى
      4½ Bl.

5)   ر" فى فضل صناعة الطبّ
      لمحمد بن يوسف السنوسى

6) الدرر الفاخرة فى مدح سيد الدنيا والآخرة،
      (قصايد)

7)   عقد لجوهر فى الربع المقنطر، ارجوزة
      5 Bl.

8)   ر" فى دعاء ابن مشيش
      لمحمد بن على الخروبي

9)   رقعة من تبيين لخارم
      لسنان بن مصطفى الواعظ
      4⁰, c. 20 Bl.

10)   رقعة من الالفية الوردية

11) مخدرات الفهوم فيما ينعلق بالتراجم والعلوم
      لخليل بن المرشد المالكي المغربي   Abschr. c. 1220

12) شرح على سلّم المنطق للاخضري
      لحسن بن درويش القويسنى
      وبعده لمصطفى البولاق

13)   شرح على الر" العضدية
      لاحمد بن محمد الدردير
      5 Seiten.

14)   تحقيق المقام على كفاية العوام
      لابراهيم الفاجوري

809. Sammelband.   4⁰, c. 250 Bl.

1) شرح الامثلة المختلفة   للكفوي
4⁰, c. 60 Bl.   Abschr. c. 1200

2) تعليق على ر" جهة الوحدة
c. 20 Bl.   » c. 1200

3) تفسير سورة الملك
5 Bl.

4) شرح علي المختصر من ك" غنية المستملي
في شرح منية المصلي
10 Bl. (Nur die ديباجة).

5) المقدمة السالمة في خوف للخاتمة
لعلى بن سلطان محمد القاري،
وغيرها له ايضا

6) رسالة لمحمد البركوي

7) ر" ايها الولد للغزالى

8) وصية لعمر السهروردي

9) شرح الرسالة الاثيرية

10) ر" في البسملة لابي سعيد محمد للخادمي
47 Bl.   Abschr. 1127

11) روح الشروح شرح المقصود في التصريف
10 Bl.   » 1127

12) شرح على المقصود
لمحمد بن پير علي
16 Bl.

13) دعاء طويل

810. حاشية علي الر" الاخضرية في علم المنطق
4⁰, c. 30 Bl. (cf. no. 808¹²).)   » 1210

811. ك" زهرة الاخوان شرح الامثلة المختلفة
لخليل بن حسن الكاردي
gr.-4⁰, c. 40 Bl.

812. 1) رسالة الي بدر الدين محمد بن علي بن غانم
لشهاب الدين ابى الثنا محمود
quer-8⁰, 20 Bl.   » 736

2) Gedichte u. Briefe a. d. J. 736.

813. Sammelband.   8⁰, 156 Seiten.   Abschr. 1251

1)   ارجوزة على معانى المثلثات القطربية
          لابراهيم الازهري

2)   الموشحات الاندلسية

3)   القصيدة المنفرجة للفيبلانى

4)   المنفرجة لبعض الفضلاء

5)   القصيدة المنفرجة لابن النحوي

6)   قصيدة الشنفري وغيرها

814. Theologisches Werk, gegen Ketzer und besonders
gegen die Christen gerichtet. Anfang u. Ende fehlen.
fol., c. 200 Bl.   Abschr. c. 900

815.   جامع الامثال   للميدانى
fol., c. 200 Bl.   (Thl. II. Schluss.)   »   631

816.   مختصر حلبة الكميت
quer-8⁰, c. 90 Bl.   »   c. 1150

817. ارجوزة ‹فيض الكرم فى نظم لحكم لابن عطاء الله
        للكمال ابن ابي شريف
4⁰, c. 50 Bl.   »   1111

818.   ك" التوضيح شرح المقدمة السمرقندية
       لمصطفى بن زكرياء بن ايدغمش القرمانى
8⁰, 137 Bl.   »   c. 850

819.   مجموع اجازات ورسائل
4⁰, c. 200 Bl.   Abschr. c. 1100/1200

820. [Türkisch, geographisch, mit 10 Tafeln, gr.-8⁰.
Abfassung unter Sultan Maḥmūd +1143.]

821.   1)   مفاتح الدرية فى انبات القوانين الدرية
          للشيخ مراد
4⁰, c. 25 Bl.   Abschr. 1208

2)   رسالة اخري   فيه ايضا

822. Text des Qorān, mit histor.-tradit. Erklärung.
gr.-fol., c. 300 Bl.   »   600

823. Einige Blätter aus einem Qorān.   kl.-8⁰.   Magreb. Abschr.

824.   تسهيل الفوايد وتكميل المقاصد فى النحو
       لابن مالك الجيانى
       4⁰, 279 Bl.   Abschr.   745

825. 1) Schreibvorschriften von ياقوت
        gr.-fol., im Ganzen c. 60 Bl.

     2)   قصيدة عينية مع شرحها
        7 Bl. (Anfang fehlt.)

     3)   الكواكب الدرية فى مدح خير البرية
        12 Bl.   »   847

     4) Einige Suren.

826 a.}   ديوان رؤبة بن العجاج
    b.}
        4⁰, 160 u.   Bl. (Bd. I u. II.)   »   1301

827. **Türkisch.** [عبرت نماء لامعى]   8⁰, 132 Bl.]

828.   ك" المختار من كلام ابي عثمان الجاحظ
        8⁰, c. 150 Bl.   »   1060

829.   ر" فى بِر الوالدين   للسبكى
        8⁰, 2 Bl.   »   c. 800

830. 1) الجزء الاول من مشيخة الشيخ شرف الدين
         هبة الله بن عساكر الدمشقى
        kl.-8⁰, im Ganzen c. 30 Bl.

     2)   ر" فى طريق وضع الاوفاق

831.   الجزء الثالث من ك" مكارم الاخلاق
       لسليمان بن احمد بن ايوب الطبرانى
        8⁰, 12 Bl.   »   c. 750

832.}   مطلع النيرين فى سيرة العمرين
833.}   عمر بن الخطاب وعمر بن عبد العزيز
        لعبد الرحمن بن علي ابن الجوزي
        4⁰, 115 u. 88 Bl.   » c. 750/800

834. Qorān-Bruchstücke in küfischer Schrift.
     quer-fol., c. 60 Bl.

835. Theologisches Werk, über Mohammeds Leben
     und Lehre (in 13 Kapp.).
        8⁰, c. 80 Bl. (Anfang fehlt.)   »   c. 1100

6

836. رقعة من أرجوزة في تفسير الاحلام
(لعلها من أرجوزة ابن الوردي)
8⁰, c. 30 Bl. (Anfang u. Ende fehlen.)   Abschr. c. 1100

837. Collectaneenheft, ziemlich werthlos. 8⁰, c. 100 Bl. » c. 1200

838. ر " في معرفة النفس الانسانية واحوالها
وهي شرح على القصيدة العينية لابن سينا'
لبعض الفضلاء
8⁰, 10 Bl. » c. 1100

839. ر " في مذهب الامام ملك بن انس
لمحمد بن ابي زيد القيرواني
8⁰, c. 80 Bl. (s. no. 150.) » 1091

840. شرح على ك " في الاصول
للبزدوي
fol., c. 200 Bl. » c. 1000

841. شرح على ديباجة المفتاح
kl.-8⁰, c. 150 Bl. » c. 1150

842. 1) شرح على العوامل الجديدة
8⁰, c. 20 Bl. » c. 1200

2) تعليق الفواضل على اعراب العوامل
للحسين بن احمد زيني زاده
8⁰, c. 100 Bl. » c. 1200

843. حاشية على المواهب اللدنية
لنور الدين على الشبراملسي
4⁰, c. 400 Bl. I. Thl. (cf. no. 21). » 1074

844. ك " في الطب' وهو مشتمل على ٣٣ مقصدا
hoch-8⁰, c. 200 Bl. (Anfangsblatt fehlt.) » c. 1100

845. ك " في كرامات الاولياء ووصاياهم
4⁰, c. 30 Bl. (Anfang fehlt.) » c. 1260

846. ر " في الاخلاق
8⁰, 5 Bl. » c. 1100

847. Persisch-Türkisch. [8⁰. اصطلاحات الانشاء الخ]

848. النظم المستطاب لحكم القراءة في صلاة الجنازة بام الكتاب
لحسن الشرنبلالي
8⁰, 8 Bl. » c. 1150

849.   حاشية التيسير لابن الاثير الجزري

لمحمد عباد الموزعي

4⁰, c. 200 Bl. I. Thl.   Abschr. c. 1200

850.   تفريج الكرب من قلوب اهل الارب

في معرفة لامية العرب، وهو شرح على قصيدة

8⁰, c. 20 Bl.   الشنفري   Magreb. Abschr.

851.   شرح الولدية في آداب البحث

للسيد عبد الوهاب بن حسين بن ولي الدين

4⁰, c. 60 Bl.   »   »

852. 1)   ك" الطريق للجادة في نيل السعادة

لاحمد بن محمد بن رشيد الدين عبد الكريم

بن عطاء الله

4⁰, c. 30 Bl. im Ganzen.   »   »

2)   رسالة من تاج الدين ارسلها من القاهرة

لاصحابه

4⁰, 8½ Seiten.   »   »

3)   قصيدة لابي العباس الزعفراني

4⁰, 3 Seiten.   »   »

853.   تاج التراجم في طبقات الفقهاء الحنفية

8⁰, c. 30 Bl.   لقاسم بن قطلوبغا   Abschr. 950

854.   الجوهرة النيّرة شرح على مختصر القدوري

لرضى الدين ابي بكر بن علي بن محمد للحداد العبادي

fol., 241 Bl. I u. II.   »   1020

855.   كتاب في الفقه

لمؤيد زاده

fol., c. 150 Bl. (Anfang fehlt.)   »   1012

856.   الكشاف للزمخشري

fol., c. 350 Bl. (II. Thl. Schluss.)   »   1061

857.   كتاب البيطرة

fol., c. 30 Bl. (Anfang fehlt.)   » c. 1100

6*

858. حاشية على صدر الشريعة فى مذهب الامام ابي حنيفه
ليعقوب باشا
8⁰, 297 Bl.   Abschr. c. 1100

859. نبذة من ديوان برهان الدين ابراهيم القيراطى
quer-8⁰, c. 50 Bl.   »   c. 900

860. شرح على الاجرومية
للكفراوي
4⁰, c. 100 Bl.   »   1237

861. مسند الامام ابي حنيفة
4⁰, c. 400 Bl.   (Anfang fehlt.)   »   c. 1150

862. 1) تاج العروس لابن عطاء الله السكندري
4⁰, c. 50 Bl.   »   1113

2) خصوصيات الجمعة
c. 30 Bl.

3) الاتقان شرح على شعب الايمان
لموسى بن كساب الشافعى
c. 20 Bl.

4) ك" الاربعين الودعانية
رواية ابي طاهر احمد السلفى
c. 30 Bl.

863. ك" فضايل ابي بكر وعمر وعثمان وعلى وفضل فاطمة
8⁰, 10 Bl.   »   c. 1200

864. التيسير فى القراات السبع
لعثمان بن سعيد الدانى
4⁰, c. 80 Bl.   »   1149

865. ر" فى معانى الاستعارة
4⁰, 6 Seiten.   »   c. 1150

866. شرح الورقات للجلال المحلّي
4⁰, c. 16 Bl.   »   1178

867.   له ايضا   شرح الورقات
     4⁰, c. 12 Bl.   Abschr. c. 1100

868.   له ايضا   شرح الورقات
     4⁰, c. 10 Bl.   » c. 1100

869.   بغية المبتدي وغنية المنتهي فى الفرايض
     لعلي بن محمد بن على القرشي القلصادي الاندلسي
     8⁰, 41 Bl.   » c. 1200

870. 1)   شرح على الرسالة العضدية
     8⁰, c. 30 Bl.   » c. 1150

      2)   شرح آخر على الرّ العضدية
     8⁰, c. 20 Bl.   »·c. 1150

871.   كّ الفتاوي الازهرية فى مذهب ابي حنيفة
     جامعها ابراهيم بن سليمان الازهري
     4⁰, c. 20 Bl.   » 1139

872.   رّ فى بيان الاستعارات
         لعصام الدين بن محمد
     4⁰, c. 50 Bl.   » 1227

873. 1)   قصيدة كعب بن زهير
     4⁰, im Ganzen c. 100 Bl.   » 1063

      2)   قصّ فتح البسنى، اولها زيادة المرء

      3)   رثية حمير بن سبا

      4) 2 تخميس, wahrscheinlich zur Elborde.
         (Anfang und Ende fehlen.)

      5)   متن البردة

      6)   القصايد الوتريات

      7) Allerlei Notizen.

874.   تعليق علي الفوايد الفنارية
     4⁰, c. 40 Bl.   » c. 1200

875.   شرح التلخيص المشهور بالمطول
                للتفتازانى
     8″, c. 80 Bl.   » c. 1100

880. Sammelband, enthaltend c. 28 kleine Abbandlungen,
meistens philos. u. theol. Inbalts. — Darin auch
القصيدة الخمرية لابن الفارض
4⁰, c. 100 Bl. Abschr. c.1100

881. انسان العيون فى سيرة الامين المامون
لعلى بن برهان الدين لحلبي الازهري
4⁰, c. 270 Bl. III. Thl. (geht bis غزوة تبوك incl.) » 1116

882. ك" السراج المنير فى شرح معراج البشير النذير
لعلي النبتيتي لحنفى
4⁰, c. 500 Bl. » c. 1150

883. ك" مرقاة الانظار المنتزع من غايات الافكار
الكاشف لمعالي مقدمة البحر الزخار الخ
لعبد الله بن محمد بن ابي القسم النجري
4⁰, c. 200 Bl. » c. 1000

884. نسيم الرياض شرح الشفا للشهاب لخفاجي
fol., c. 400 Bl. I. Thl. » c. 1100

885. تعليقات علي المطول
8⁰, c. 100 Bl. » c. 1000

886. ك" عقلة المستوفز لابن العربي
4⁰, c. 12 Bl. » c. 1150

887. شرح حديث ام زرع
لاحمد بن لحلال
4⁰, c. 8 Bl. » 1033

888. تكملة الاحكام والتصفية عن بواطن الآثام
لاحمد بن يحيى المرتضى
4⁰, c. 20 Bl. » 1144

889. 1) تحفة الابرار فى ذكر شىء من فضل محبّة الاخبار
لعلي بن عبد الله المصري
4⁰, c. 120 Bl. im Ganzen; no. 1: c. 12 Bl. Magreb. » c. 1075

2) التحبير فى علم التذكير فى تفسير اسماء الله لحسنى
لعبد الكريم بن هوازن القشيري
c. 70 Bl. » 1076

3) لحكم العطائية
c. 35 Bl.

890. 1) رّ" فى تحقيق سّر مسئلة الاستخلاف
8⁰, 4 Bl.   Abschr.   1093

2)   مسئلة فى الفرايض

891. 1)   موقد الاذهان وموقظ الوسنان
4⁰, c. 12 Bl.   (Anfang fehlt.)   »   c. 1200

2) سعادة اهل الاسلام بالصافحة عقب الصلاة والسلام
c. 20 Bl.   »   1050

892.   الحديث المسلسل
تاليف محمد بن محمد الامير
4⁰, c. 8 Bl.   »   1245

893. المقصد لتلخيص ما فى المرشد للحسن بن علي العتمانى،
لزكرياء الانصاري الشافعى
4⁰, c. 100 Bl.   »   1183

894.   نتيجة الاجتهاد فى المهادنة والجهاد
لاحمد بن سهل الغزالي الفاسي الاندلسي
4⁰, c. 80 Bl.   Magreb. »   1201

895.   نيبجان العنوان، ارجوزة
لاحمد بن عبد الرزاق الغربي
4⁰, c. 9 Bl.   »   c. 1100

896.   الالفية فى الحديث
للعراق
4⁰, c. 30 Bl.   »   c. 1050

897.   شرح الشفا   للشهاب الخفاجي
kl.-fol., c. 200 Bl.   III. Thl. (s. no. 884).   »   1169

898.   جامع المختصرات ومختصر الجوامع
fol., c. 150 Bl.   »   856

899.   شرح الوسطي
للمصنف محمد بن يوسف السنوسي
4⁰, c. 120 Bl.   »   1133

900. شرح على القسم الثالث من مفتاح العلوم
ليحيى بن احمد الكاشى
fol., c. 400 Bl.   »   966

901. Astronomische Tabellen.   4⁰, c. 120 Bl.   »   c. 1200

902. الفتح المبين بشرح الاربعين لابن حجر الهيتمى
4⁰, c. 240 Bl.   »   1032

903. انسان العيون لعلي بن برهان الدين الحلبي
fol., c. 700 Bl.   I. u. II. Thl. (s. no. 881).   Abschr. 1074

904. رسايل الشجرة الالهية فى علوم الحقايف الربانية
لشمس الدين محمد بن محمود الشهرزوري
fol., 318 Bl.   (Es sind 5 Abhandlungen.)   »   c. 1150

905. ايثار الحق على الخلق
لحمد بن ابراعيم الوزير
fol., c. 110 Bl.   »   c. 1150

906. 1) حاشية علي كتاب فى الفرايض
4⁰, c. 60 Bl.   »   924

2) Einige Qaçiden, von
محمد بن علي، عز الدين محمد بن المرتضا
4⁰, 3 Bl.   »   924

3) منظومة فى الفرق بين الظاء والصاد
للمقرى الواسطي
4⁰, 1 Bl.   »   924

907. Stück aus einem grossen çûfischen Werke, wahrscheinlich الفتوحات المكية لابن العربي
fol., c. 60 Bl.   »   c. 1050

908. سرح العيون بشرح رسالة ابن زيدون
kl.-fol., c. 80 Bl.   »   c. 1000

909. شرح على الالفية لابن مالك
لزين الدين خالد الازهري
4⁰, c. 130 Bl.   »   1216

910. 1) نزعة الناظرين فيمن ولى مصر من الخلفاء والسلاطين
لمرعى بن يوسف الحنبلى
8⁰, c. 80 Bl.   (s. no. 169.)   »   1023

2) Qaçîde auf ا, (Basîth) über die islämischen
Herrscher bis auf jene Zeit.   5 Seiten.

3) النجوم الزاهرة فى ولاة القاهرة
محمد بن يوسف المنهاجي
6 Bl.

911. ذ" علل العبودية فى الاحكام
لحمد بن على بن الحسن بن بشر الحكيم الترمذي
8⁰, c. 80 Bl.   »   c. 700

912. الحاوى فى علم التداوى
لمحمود بن الياس الشيرازي

fol., 232 Bl.   Abschr. 1094

913. التحف المكية والاخبار النبوية المدنية فى الحديث
لفضل الله بن نُصَير المُغورى الكسائى

fol., c. 160 Bl.   » c. 1000

914. 1) تفسير الفاتحة

kl.-fol., c. 300 Bl. im Ganzen; no. 1: 10 Seiten.   » c. 1100

2) تفسير الجلالَيْن

c. 295 Bl.

915. ثبت الشيخ محمد بن محمد بن سليمان الردانى
المالكى (1094+)

8⁰, c. 130 Bl.   » 1095

916. **Türkisch.** [رسالةُ علمِ طبيب , 8⁰, 15 Bl.]

917. شرح الورقات للجلال المحلي

8⁰, c. 20 Bl. (s. no. 866.)   » c. 1100

918. شرح عقيدة علوان للمصنف

8⁰, c. 20 Bl.   » c. 1100

919. 1) شرح لامية العجم لابي البقا العكبري

8⁰, c. 20 Bl.   » 1024

2) مسائل مع جوابها للجمال ابن هشام

5 Seiten.

920. مجموع لعبد الوهاب بن ابراهيم بن محمد الرفعي

8⁰, c. 45 Bl.   » c. 800

1) ترجمة الامام الشافعى

2) ترجمة مالك بن انس (nur 11 Seiten).

921. اربعين حديثا لبهاء الدين محمد العاملي

8⁰, c. 140 Bl.   » 1089

922. ك" الاصول والضوابط

8⁰, c. 50 Bl.   » 1069

923. دامغة المبتدعين وناصحة المهتدين
للسغناقى

8⁰, c. 40 Bl.   » 1006

924. الليث العابس في صدمات المجالس
لاسمعيل بن معتى
8⁰, c. 50 Bl.   Abschr. c. 1000

925. رسالة صوفية
4⁰, 117 Bl.

926. حلبة الكميت للنواجي
fol., 141 Bl.   »   998

927.) تفسير الاحلام لابن شاهين
928.)
4⁰, c. 800 u. 800 Bl.   I., II. Thl.   »   c. 1200

929. البردة مع تخميس محمد بن منصور بن عبادة
gr.-fol., 26 Bl.   »   1050

930. الجامع الصغير في الحديث
للسيوطي
fol., 390 Bl.   II. Thl. (Schluss).   »   c. 1100

931. مباحث على تشريح ابن سينا
4⁰, c. 150 Bl.   »   730

932. التلخيص في تخريج احاديث الرافعى الكبير
لابن حجر العسقلانى
fol., c. 230 Bl.   II. Thl. (Schluss).   »   1049

933. كتاب صدر الشريعة، المتن مع شرحه
4⁰, c. 100 Bl.   »   882

934. حجّة الله البالغة
لولي الله احمد بن عبد الرحيم
fol., 539 Seiten.   »   c. 1150

935. 1) فصوص الحكم لابن العربي
fol., c. 160 Bl. im Ganzen.   »   896

2) ك" الفكوك في مسندات حكم الفصوص
لصدر الدين القونوي

3) ك" المحجب لابن العربي

4) نبذ من الفتوحات لابن العربي

5) ك" الشواهد له ايضا

6) كتاب كريم وخطاب جسيم · له ايضا

7) Mehrere خطبة, Traditionen u. A.

936.   لابراهيم بن الوزير   كتاب الهداية
fol., c. 200 Bl.   Abschr. 1074

937.   نسيم الرياض شرح الشفا   للخفاجي
fol., c. 300 Bl. II. Thl. (s. no. 897).   »   c. 1150

938.   كتاب السيرة
fol., c. 400 Bl.   I. Thl.   »   1087
(Anfang fehlt; es ist wol انسان العيون
cf. no. 881, 903.)

939.   شرح على مختصر فى الفقه
fol., c. 250 Bl.   (Anfang fehlt.)   »   1061

940.   قصيدة كعب بن زهير
fol., c. 9 Bl.   »   970

941. 1)   العدة فى اصول الدين
لحافظ الدين ابى البركات النسفي
fol., im Ganzen c. 80 Bl.   »   897

     2)   قصيدة ميمية
(Anfang fehlt.)

     3)   مفرّج الشدّة تضمين البردة
لابى نصر هبة الله بن عبد الوهاب بن
احمد بن عربشاه

     4)   Einige andere Gedichte.

942.   غاية البيان فى شرح الهداية
لقوام الدين ابى حنيفة امير كاتب بن امير غمر
العميدي الفارابي الاتقاني
fol., c. 220 Bl.   V. Thl.   »   771

943.   جزء من كتاب الاغانى الكبير
fol., c. 140 Bl.   Magreb. »   1245

944.   التصريح بمضمون التوضيح
لخالد بن عبد الله بن ابى بكر بن خالد الازهري
fol., c. 475 Bl.   I u. II.   »   c. 1100

945.   مطالع الانظار شرح طوالع الانوار
fol., c. 300 Bl.   (s. no. 1034.)   Abschr. c. 1000

946.   الصحاح للجوهري
fol., c. 400 Bl.   »   c. 1100

947.   التلويح الي كشف حقايق التنقيح
fol., c. 300 Bl.   »   871

948.   نخبة البديع فى مدح الشفيع
لمصطفى بن عبد الوهاب بن سعيد الصلاحي
4°, c. 320 Bl.   Autogr. »   1230

949.   الجزء ٢٢ من صحيح البخاري
4°, c. 60 Bl.   »   c. 800

950.   الخطب للشربيني
4°, c. 250 Bl.   I. Thl.   »   1187

951.   شرح الجزرية لزكرياء الانصاري
4°, c. 50 Bl.   »   1192

952.   شرح على العزّية للتفتازانى
4°, c. 40 Bl.   »   1211

953. ر" وسيلة الطلاب لمعرفة اعمال الليل والنهار بطريق
الحساب   ليحيى بن محمد الخطاب المالكي
4°, c. 10 Bl.   »   1231

954.   شرح الرسالة الشمسية
لقطب الدين الرازي
4°, c. 100 Bl.   »   1185

955.   ك" فضايل رمضان للجهوري
4°, c. 80 Bl.   »   1214

956.   شرح العضدية فى علم الوضع
لعلى السمرقندي
4°, c. 25 Bl.   »   c. 1180

957.   1)   قصيدة كعب بن زهير
4°, c. 8 Bl.   »   c. 1180

      2)   منظومة ابن فرح فى الحديث

958. Bruchstück einer Metrik.   4°, c. 12 Bl.   »   1193

959.   ك" مولد النبي لابن الجوزي
4°, c. 20 Bl.   »   c. 1200

960.   متن رسالة ايّها الولد   للغزالي
    8⁰, 4 Bl.   Abschr. c. 900

961. Commentar zu einem Werke, wie es scheint, über
Rhetorik.   8⁰, c. 150 Bl.   (Anfang fehlt.)   »   c. 880

962. 1) كـ" الفوايد السنية فى شرح الاشكال المنطقية
    4⁰, 5 Bl.   لاحمد العدوي الدردير   »   1160

   2) الانوار البهية على خطبة شرح القطب للشمسية
    لاحمد بن عبد الفتاح الشافعى الملوي
    4⁰, c. 20 Bl.   »   1175

963. فتح الاله الماجد بايضاح شرح العقايد للتفتازانى
لابي يحيى بن زكرياء بن محمد بن احمد الانصاري الشافعى
    8⁰, c. 56 Bl.   »   1033

964. 1)   شرح اسماء الله لحسنى
    للصدر القونوي
    8⁰, c. 90 Bl. im Ganzen; no. 1: c. 50 Bl. »   1102

   2)   لطايف الفكر وجواهر الدرر
    لاحمد بن محمد بن محمد الطوسي
    c. 17 Bl.

   3) كـ" الحكم   لابن العربي
    3½ Bl.

   4) كـ" الخلوة   له ايضا
    7 Bl.   »   1118

   5) نسبة الخرقة   لابن العربي
    6 Bl.

   6) الوصية   له ايضا
    1 Bl.

   7) شرح اسماء الله لحسنى للغزالي
    c. 8 Bl.

965. Traditions-Wörterbuch: aus dem 1. Theile von
جبد bis خ zu Ende.   4⁰, c. 200 Bl.   »   c. 900

966.   مختصر صحاح الجوهري
لمحمد بن ابي بكر بن عبد القادر الرازي
    4⁰, c. 300 Bl   »   1186

967. مولد النبي
4⁰, c. 20 Bl.   Abschr. c. 1250

968. الدر البحيث بمائة وثمانية عشرين حديث
4⁰, c. 20 Bl.   »   1239

969. شرح القواعد لابن هشام
لابن ابي شريف
8⁰, c. 100 Bl.   Autogr. 853

970. ر" تسهيل التحصيل لعبد الرحمن ناجم
8⁰, c. 20 Bl.   Abschr. 1262

971. اسباب نزول القران بالآيات القرانية والقصص الفرقانية
لاحمد بن اسعد العراق
8⁰, c. 150 Bl.   »   1187

972. مراقى الفلاح بامداد الفتاح، شرح نور الايضاح ونجاة الارواح
لحسن بن عمار بن على الشرنبلالى الحنفى
4⁰, c. 150 Bl.   Abschr. 1237

973. اسئلة شريفة واجوبة منيفة
لفخر الدين محمد بن ابي بكر بن عبد القادر الرازي
8⁰, 150 Bl.   »   c. 1000

974. ك" الاسباب والعلامات
لمحمد بن على بن عمر السمرقندي
8⁰, c. 220 Bl.   »   946

975. 1) قيد الشرايد ونظم الغرايد، قصيدة
لعبد الوهاب بن احمد بن وهبان الحارثى
المزنى الحنفى
8⁰, c. 38 Bl.   »   957

    2) متن الجزرية

976. 1) الايذان بفتح اسرار التشهد والاذان
8⁰, c. 30 Bl.

    2) غربة الاسلام
لعلى بن ميمون المالكي المغربي
8⁰, c. 90 Bl.

977. 1)   ر" فى كيفية الدخول فى باب الطريف
لعلى بن ميمون
8º, im Ganzen c. 110 Bl.   Abschr. 908

2)   وصية ابراهيم ابى الصفا

978.   حجاب لطرد الجنّ، منقول من ك" انموزج الجواهر
فى معجزات خبر الاكابر
لمحمد القمحاوى
8º, c. 12 Bl.   »   1265

979.   جواهر الفقه
لطاهر بن سلام بن قاسم الانصارى للخوارزمى
8º, 110 Bl.   x   c. 950

980. عقد للجواهر الثمينة فى اربعين حديثا من احاديث
سيد المرسلين
لاسمعيل العجلونى بن محمد جراح
4º, c. 10 Bl.   »   c. 1200

981.   مختصر للجامع الصغير
لعبد الغنى النابلسى
8º, c. 80 Bl.   »   c. 1200

982.   ك" الدرّة الفاخرة فى كشف علوم الآخرة
للغزالى
kl.-8º, c. 40 Bl.   »   1026

983.   كشف الوجوه الغرّ عن معانى نظم الدرّ
وهو شرح على تائيبة ابن الفارض
لعبد الرزاق القاشانى
4º, c. 120 Bl.   »   c. 1100

984.   حلية الاولياء   لابى نعيم
8º, c. 280 Bl.   (Ein Band des Werkes.)   »   c. 1100

985.   شرح على نخبة الفكر
لمحمد القسطلانى
8º, c. 40 Bl.   Magreb. »   c. 1100

986. نظام الزبرجد فى الاربعين المسلسلة باحمد،
لابراهيم بن حسن الكورانى الشهرزورى
8º, c. 10 Bl.   »   c. 1090

987. الفتوحات الوهبية بشرح الاربعين النووية
لابراهيم بن مرعي بن عطية الشبراخيتى المالكي
4°, c. 160 Bl. — Abschr. c. 1200

988. غاية المقصود لمن يتعاطى العقود على مذاهب
الايتة الاربعة
لاحمد الديربى الشافعى
8°, c. 160 Bl. — » 1244

989. شرح على البردة
لشيخ زاده لمحشى البيضاوي
8°, c. 100 Bl. — » 1113

990. 1) حاشية على الر″ فى آداب البحث لمسعود الرومي
لقره علي
8°, c. 75 Bl. — » c. 1100

2) حاشية على الحاشية لقره علي
لحسين

991. شرح الضوء فى النحو لابي المكارم المطرزي
8°, c. 150 Bl. — » 1007

992. ك″ خصايص العشرة الكرام البررة
لمحمود بن عمر الزمخشري
8°, c. 25 Bl. — » 1269

993. 1) ر″ فى السماع وحرمة الرقص
8°, c. 8 Bl.
2) متن الجزرية — » c. 1200

994. Ein çûfisches Werk, in مجلس eingetheilt. Der
Anfang wol nicht richtig ergänzt. Schluss fehlt.
8°, c. 120 Bl. — » c. 1200

995. تأويل القرآن
8°, c. 160 Bl. (Erste Hälfte. Verfasser u. Titel
nicht zu lesen.) — » c. 1000

996. 1) ديوان عبد الرحيم البرعي
8°, c. 110 Bl. — » 1067

2) الهمزية للبوصيري
8°, c. 15 Bl.

7

997. حاشية على العقايد للتفتازانى
للكستلى

8⁰, c. 100 Bl.   Abschr. 963

998. شرح على الورقات لامام الحرمين

8⁰, c. 80 Bl.   » c. 950

999. ر" الشفاء لادواء الوباء

8⁰, c. 70 Bl.   » 1142

1000. عمدة اهل الحق فى العقايد والتوحيد، ارجوزة

8⁰, c. 35 Bl.   » c. 950

1001. ك" المقتبس المختار من نور المنار فى اصول الحنفية
لطاهر بن الحسن بن عمر بن حبيب

8⁰, c. 50 Bl.   » c. 850

1002. ك" مواليد الرجال ومعرفة النجوم
لابي معشر البلخى

8⁰, c. 70 Bl.   » c. 1250

1003. مولد النبي للواقدي

8⁰, c. 70 Bl.   » c. 1250

1004. 1) تفسير مشكلات القران
لابي محمد مكي بن ابي طالب

8⁰, c. 220 Bl.   » 1127

2) ر" فى عدد الانبياء وتاريخهم
8 Bl.

1005. ك" المفهم لما اشكل من تلخيص ك" مسلم،
للقرطبي

4⁰, c. 240 Bl.   » c. 800

Thl. I Schluss; der Anfang fehlt.

1006. جامع الاسئلة العديدة فى زبدة الاجوبة المفيدة
لمحمد بن محمود طرقجى زاده

4⁰, c. 200 Bl.   » c. 1100

— 99 —

1007. Sammelband. hoch-8⁰, c. 60 Bl.   Abschr. 1119

1) نبذة من كّ الفتوحات الغيبية فى تدبير
الارواح الحكمية
11 Seiten.

2) كّ الصافى لجابر
22 Seiten.

3) رّ فى الحجر لعبد الرحمن الصوفى التدمري
4 Seiten.

4) شرح شمس الاكبر للجلدكي

5) كّ القمر للجلدكى

1008. 1) كّ مشتمل الاحكام
4⁰, c. 82 Bl.   »   915

2) جامع الفتاوي
4⁰, c. 116 Bl.

1009. فتح الغفور فى منظومة القبور
وهو شرح على التثبيت عند التبييت للسيوطي
لشرف الدين احمد بن خليل السبكى الشافعى
4⁰, 103 Bl.   »   1050

1010. 1) كّ عنقاء مغرب لابن العربي
4⁰, c. 90 Bl. im Ganzen.   »   1168

2) المعشورات الميمونة لابن العربي
على حروف المعجم

1011. ابدع ما كان واجود ما يستفيده الطلاب
علم البيان والمنطق والتوحيد والحساب
لحسين بن شامي الهتاري المدنى الشافعى الفرضى
4⁰, c. 80 Bl.   »   c. 1100

1012. الجوهر المخبوك لعلوان
4⁰, c. 40 Bl.   »   994

1013. فتح رب البرية بشرح الق" الخزرجية
4⁰, c. 20 Bl.   »   1116

1014. رّ فى التصوف لزكرياء الانصارى
8⁰, 4 Bl.   »   1124

7*

1015. 1) ‏ر" نسخة الحق‏ ‏لابن العربي‏
8⁰, c. 40 Bl. im Ganzen.   Abschr.   970

2) ‏شرح قول النبي عمّ الناس نيام فاذا ماتوا انتبهوا‏
‏وغير هذا‏

1016. ‏انوار السلوك فى اسرار الملوك‏
‏لعبد الغنى ابن النابلسى‏
8⁰, 10 Bl.   »   1124

1017. **Türkisch.** [‏ك" حلويّات‏ Ritualtheologie. 8⁰.]

1018. Anthologie in Versen und Prosa, in 3 Kapp.
8⁰, c. 40 Bl.   »   c. 1250

1019. Sammelband, ungefähr 12 kleine Abhandlungen,
meistens theol. Inhalts (mehrere von ‏ابن تيميّة‏).
8⁰, c. 150 Bl.   »   c. 970

1020. ‏حاشية على متن ايساغوجى وشرحه‏
‏لاحمد بن احمد الفيومي الغرقاوي‏
4⁰, c. 80 Bl.   Autogr.   1096

1021. 1) ‏كفاية المتحفظ فى اللغة‏
‏لابراهيم بن اسمعيل الطرابلسى ابن الاجدابي‏
8⁰, 17½ Bl.   Abschr. c. 950

2) ‏متن البديعية للصفى الحلّى‏
8⁰, 6 Bl.

1022. ‏شرح الفاظ المقدمة الاجرومية‏
8⁰, c. 120 Bl.   »   1069

1023. ‏عمدة الاحكام من احاديث النبي عمّ‏
‏فى معالم الحلال والحرام‏
‏لعبد الغنى بن عبد الواحد بن على بن سرور المقدسي‏
8⁰, c. 80 Bl.   (s. no. 152¹).)   »   797

1024. ‏ك" اللآلي المنثورات على نظم الموجهات، ارجوزة‏
‏لاحمد الجبير الملوي‏
8⁰, c. 20 Bl.   »   c. 1250

1025. 1) ‏زوال الترح فى منظومة ابن فرح‏
‏لمحمد بن جماعة الكنانى الشافعى‏
8⁰, 5 Bl.   »   c. 1200

2) ‏متن نخبة الفكر لابن حجر‏
8⁰, 4 Bl.

1026.   كتاب فى الطب

     8^0, c. 80 Bl. (Anfang und Schluss fehlen.)   Abschr. c. 920

1027.   ك" ارشاد المبتدى وتذكرة المنتهى
               فى القرات العشرة
    لابى العز محمد بن الحسين بن بندار الفلانسى المقرى

     8^0, c. 80 Bl.   »   821

1028.   شرح الفقه الاكبر

     8^0, c. 50 Bl.   لابى المنتهى   »   c. 1250

1029. 1)   ر" انشاء الدواير   لابن العربى
         8^0, c. 10 Bl. im Ganzen.   »   c. 1000

     2)   ك" اسرار الطهارة   من ك" احياء العلوم

1030. 1)   ر" مغيث الخلق فى بيان الاحق
         8^0, 1 Seite. (Nur der Anfang.)   »   c. 950

     2)   بذل النصيحة فى دفع الفضيحة
         8^0, c. 5 Bl.   لعبد الرحمن البلقينى

     3) Einige Kleinigkeiten.

1031.   Eine Safīne, von   الحاج احمد الرباط
     quer-8^0, c. 60 Bl.   »   c. 1280

1032.   Bruchstück; es ist 4. Cap.
         فى بعض نغات العمدة من كلام العلامة
     8^0, c. 20 Bl.   »   c. 950

1033.   شرح العوامل
     8^0, c. 40 Bl.   لعبد القادر الرومى   »   c. 1000

1034.   مطالع الانظار فى شرح طوالع الانوار
     8^0, 242 Bl.   (s. no. 945.)   »   876

1035.   شرح القسطاس فى علم المنطق
       لزكى الدين ابراهيم بن محمد المومنى
     hoch-8^0, c. 240 Bl.   »   c. 850

1036. 1) غاية البيان فى ترجمة الشيخ ارسلان

8⁰, im Ganzen 16 Bl.   Abschr. 1028

Am Rande gleichfalls ein Artikel über ihn.

2) فتح الرحمن فى شرح ر" الولىّ ارسلان
لزكرياء الشافعى

1037. ر" فى بيان اول السور وتجويد القرآن للبيضاوي

8⁰, c. 20 Bl.   »   1116

1038. ك" الجيب لدقيقة فدقيقة وثانية فثانية،
ويتبعه الميل لدقيقة فدقيقة الخ

8⁰, c. 150 Bl.   »   c. 1150

لعلى بن عبد الرحمن بن احمد بن يونس بن
عبد الاعلى الصدفى المصري المعدل

1039. سياسة لخلق لتحسين لخلق
لعبد الله بن على بن ايوب الشافعى القادري

8⁰, c. 40 Bl.   »   c. 950

1040. تفسير سورة الفاتحة
لعلّه لاحمد السعيدي

8⁰, c. 10 Bl.   »   963

1041. Bruchstücke eines çûfischen Werks.   8⁰, c. 150 Bl.   »   c. 1100

1042. منية المصلّي

8⁰, c. 120 Bl.   »   1175

1043. حرز الاقسام

kl.-8⁰, c. 80 Bl.   Magreb. Abschr.

1044. 1) ك" الرحمة فى الطب والحكمة
لجمال الدين محمد البونى

kl.-8⁰, im Ganzen c. 260 Bl.   Abschr. 1038

2) خلاصة ما تحصل عليه الساعون فى ادوية
دفع الوباء والطاعون
لحمد فتح الله بن محمود البيلوني

kl.-8⁰.

1045. Sammelband.

1) المطلع على مسايل المقنع
محمد بن سعيد السوسي

4⁰, c. 10 Bl.   Magreb. Abschr. 1262

2) ك" الديباج المرقوم في اصول علم النجوم، ارجوزة
لعبد الرحمن بن عبد القادر الفاسي

c. 8 Bl.   Magreb. Abschr.

3) نبذة في شرح الكلام
للجمال ابي القاسم عبد الرحمن انبجائى وغيرها

5 Bl.   »   »

4) شرح على متن ايساغوجى
لزكرياء بن محمد الانصاري

c. 20 Bl.   »   »

5) اتحاف امة خير الانام بفضايل عبد الله بن
عمر وبقية شهداء فخ الكرام

c. 10 Bl.

6) ك" المسايل الواتخة في الاستعاذة بالله والبسملة
والفاتخة وما يتعلق بالحمد الخ
لاحمد بن محمد بن عبد الرحمن ابن عميرة الطهرائى
الصبري الانصاري الشافعي

c. 75 Bl.   Autogr. 1015

7) خزاين الجواهر وخخازن الزواهر
لابي سعيد محمد الخادمي

c. 60 Bl.

8) حاشبة على شرح العقايد النسفية
للخيالي

c. 50 Bl.   Abschr. 1190

9) شرح على منظومة ابن فرح
لابن جماعة

8 Bl.

10) تلخيص الاحرا في حكم الطلاق بالابرا
لابن حجر الهيتمى

c. 10 Bl.   (s. no. 378, 524³).)

11) ر" تفريح القلوب بتفكير الذنوب
لحسين الاستنكولى

c. 20 Bl.

12) 1045. رسالة لطيفة على تحقيقات شريفة
المسماة بالسيف القاطع فى ردّ الجواب الصايع
c. 10 Bl.

13) المسايل البهية الزكية على الاثنى عشرية،
للشرنبلالى
c. 10 Bl.

14) اوزان البحور الشعرية والفنون الادبية
منظومة لعلي الشرنتاشى
c. 10 Bl.

15) شرح على منظومة ابن فرح
ليحيى القرافى
c. 12 Bl.

16) شرح على منظومة ابن فرح
لمحمد الامير الكبير
c. 10 Bl. Magreb. Abschr.

17) شرح على منظومة ابي الحسن علي بن
محمد بن علي العربي الفاسى السقاطي
c. 45 Bl.

1) 1046. خزاين الجواهر للخادمي
c. 45 Bl. (s. no. 1045 7).)

2) نبذة فى علم العربية
c. 10 Bl.

3) ديوان ابن حجر العسقلانى
40 Bl.

4) وقايع الخنساء واخويها
c. 16 Bl.

5) حاشية على شرح حسن القوينى
على سلم المنطق،
لمصطفى البولاقى
c. 90 Bl. Abschr. 1247

6) شرح السلم لاحمد الملوي
c. 70 Bl. (s. no. 95 6).)

7) حاشية اللؤلؤة على شرح الشنشوري علي الرحبية
لمحمد بن علي بن محمد الادفينى البحيري الشافعى
c. 80 Bl.

— 105 —

1047. 1) شرح الياسمينية
c. 25 Bl.

2) حاشية على شرح الياسمينية
لاحمد بن محمد الجنابي الشافعي
c. 40 Bl.

3) رسالة فى التصريف
c. 10 Bl.

4) تعليق على نبذة فى فضل ليلة النصف من شعبان
لابي الحسن البكري،
لعبد الرؤوف ابن المناوي
c. 6 Bl.

5) صورة الوقفية التى وقف محمد عارف باشا
c. 15 Bl.

6) شرح على ايساغوجى للابهري
لزكرياء الانصاري
c. 30 Bl.

7) متن الفية ابن مالك فى النحو
c. 40 Bl.

8) المختصر الشافى على متن الكافى
لمحمد الحديني الدمنهوري
c. 40 Bl.   Abschr. 1247

9) الفية فى التجويد   لابن الجزري
9 Bl.   » 1138

10) ر" فى خلاصة الفنون الاربعة
للزركشى
5½ Bl.   » 1138

11) التحفة الوردية فى مشكلات الاعراب
نعمر ابن الوردي
3 Bl.

12) ذكرى مس اللطايف بتنقوي شاربي الشاي بالطايف
وهي قصيدة همزية
c. 60 Bl.   Magreb. Abschr.
7**

1048. 1)   تفسير سورة القدر

لمحمد الامير   c. 10 Bl.

2)   شرح لامية العجم

لمحمد بن ابي بكر البدرانى   c. 12 Bl.   Abschr. 1177

3)   شرح الورقات لامام الحرمين

لابن امام الكاملية   c. 50 Bl.   »   1054

4)   مختصر فى علم العروض   للاندلسي

c. 8 Bl.   »   1132

5)   حاشية على شرح الورقات للجلال المحلّى

نشهاب الدين القليوبي   c. 30 Bl.

6)   شرح علي الجوهرة لابراهيم اللقانى

لابنه عبد السلام   c. 80 Bl.

7)   حاشية على شرح القطر لمؤلفه ابن هشام

لاحمد السجاعي   c. 85 Bl.   Abschr. 1270

1049. 1)   حاشية على شرح الاستعارات للملوي

لمحمد الامير المصري   c. 20 Bl.

2)   وسيلة البريذ الي الفوايد الشنشوريذ

ليوسف الزيّات   c. 80 Bl.

3)   شرح علي الق" الطنطرانيذ   c. 25 Bl.

4)   حاشية على تفسير البيضاوي علي

سورة النسا ؟

لعصام الدين ابراهيم   c. 40 Bl.

5)   شرح عقيدة الطحاوي

c. 60 Bl.   Abschr. 775

1050. 1) شرح علي الخزرجية
لزكرياء الانصاري الشافعى
وهو المسمي بفتح رب البرية بشرح القـ" الخزرجية
c. 20 Bl.

2) شرح علي الكافى فى علمي العروض والقوافى
لخليل بن ولي بن جعفر الحنفي
c. 50 Bl.
والاصل لاحمد بن عباد بن شعيب القناوي الشافعى

3) كشف الغموض بشرح الرجز المفروض
فى علم ما يقصد من العروض
لعبد الله بن على بن علي الدمليجى الشهير
بسويدان الاريكى الشافعى،
وهو شرح على الارجوزة لمحمد بن علي الشبراملسي
c. 16 Bl.

4) ر" على البسملة   للنفراوي
c. 20 Bl.   Magreb. Abschr.

5) ر" على البسملة والحمدلة وعلى معانيهما وما
يتعلق بذلك
c. 60 Bl.

6) ترتيب العلوم   لمحمد المرعشى ساجقلى زاده
c. 50 Bl.

7) ر" فيما يتعلق بالبسملة من المسائل
c. 50 Bl.   لمحمد بن علي الصبان   Abschr. 1208

1051. مفاتيح العلوم
لمحمد بن احمد بن يوسف الكاتب الخوارزمي

1052. Einige werthlose Bruchstücke, meistens kufische
Papierfetzen.